本书的出版受国家自然科学基金青年项目（71802025）、教育部人文社会科学研究青年基金项目（17YJC630107）、北京市知识管理基地、北京信息科技大学"勤信英才"项目（QXTCPC201706)、北京市青年拔尖人才项目(CIT&TCD20180405)、北京市科协青年托举人才项目、北京市组织部优秀人才项目资助

如何构建
高绩效知识型团队

中国情境下的多视角研究

倪渊　李翠◎著

经济管理出版社

图书在版编目（CIP）数据

如何构建高绩效知识型团队：中国情境下的多视角研究/ 倪渊，李翠著 .—北京：经济管理出版社，2019.12
ISBN 978-7-5096-6965-5

Ⅰ.①如… Ⅱ.①倪… ②李… Ⅲ.①企业管理—组织管理学—研究—中国 Ⅳ.①F279.23

中国版本图书馆 CIP 数据核字（2019）第 287890 号

组稿编辑：杨 雪
责任编辑：杨 雪 王莉莉
责任印制：黄章平
责任校对：陈 颖

出版发行：经济管理出版社
（北京市海淀区北蜂窝 8 号中雅大厦 A 座 11 层 100038）
网　　址：www.E-mp.com.cn
电　　话：（010）51915602
印　　刷：三河市延风印装有限公司
经　　销：新华书店
开　　本：720mm×1000mm/16
印　　张：12.25
字　　数：207 千字
版　　次：2020 年 1 月第 1 版　2020 年 1 月第 1 次印刷
书　　号：ISBN 978-7-5096-6965-5
定　　价：59.00 元

·版权所有　翻印必究·
凡购本社图书，如有印装错误，由本社读者服务部负责调换。
联系地址：北京阜外月坛北小街 2 号
电话：（010）68022974　　邮编：100836

前言

随着创新创业等智力活动在中国的蓬勃发展,知识型团队凭借智力资本整合和创新创造等方面的优势被不同类型的组织广泛应用,其效能高低也成为影响组织竞争优势获取的关键要素。知识型团队并非一个全新的概念,其提出至今已有近50年的历史,但是中国组织情境下知识型团队运行机制的系统探索远没有想象中的丰富,很多认知仍然停留在直觉思维阶段且并未得到有效实证。

中国是一个强调集体主义的国家,相比于西方社会的个人主义至上文化,中国各个层次组织都像是一个以"人情"为关键节点的社会网络。这种非正式的网络同样贯穿于中国知识型团队中,并对其行为和结果产生影响。然而,国内相关文献普遍沿袭西方学者关于知识型团队的研究范式,对于中国本土文化因素的影响挖掘不够充分,比如中国组织中普遍存在的差序格局(领导成员交换关系差异)、圈子文化(领导成员交换关系)等因素对知识团队绩效会产生怎样的影响并不清晰。随着劳动力的更替,以"90后"为主体的新生代知识型员工成为知识型团队的中坚力量。他们像一把"双刃剑",为团队贡献独特智力资本,但其"任性""自我决定的思维方式"以及"独特的内隐偏好"也为团队管理提出了新的挑战。再者,受知识爆炸与移动互联网技术的双重影响,知识型员工和团队的学习方式碎片化趋势明显。这种碎片化信息获取并不能真实地反映知识的本来面貌,对知识型团队的创造和任务绩效造成了一定的负向影响。其实,相比于外部"漫天飞舞""杂乱无章"的各种信息,知识型团队更需要向内部挖掘,通过构建内部知识网络和知识管理体系实现团队赋能。因此,本土知识型团队需要解决的一个共性核心问题就是——如何构建内部知识转移和共享的"高速公路",实现自身拥有的"隐性知识和经验"价值最大化。鉴于此,针对已有文献的不足,本书综合本土文化和团队理论的新进展,在明晰知识型团队绩效内涵和结构的基础上，围绕如何构建高绩效的知识型团队展开研究，从领导—成员关系、员工管理以及知识管理等多个视角探索，打开知识团队工作态度、任务绩效以及创新绩效作用的"黑箱"，系统地揭示中国组织情境下高绩效知识型团队的运行规律，具体内容如下：

（1）知识型团队的测量与评价方面：首先，从理论上探索中国组织情境下知识型团队的结构维度。在回顾国内外知识型团队绩效相关文献的基础上，结合不同类型知识型团队成员及管理者的访谈和小组讨论，从目标、关系和能力三个维度重新认识知识型团队绩效的内涵。根据此结构设计题项，编制"中国组织背景下的知识型团队绩效测量工具"，借助大样本问卷调查，对量表进行探索性因子分析和验证性因子分析，验证知识型团队绩效内涵和结构的有效性。其次，将"目标—关系—能力"理论模型运用到企业中广泛应用的 R&D 团队中，针对性构建了"产品—项目—人员"三维度的绩效评价模型，该模型从战略、功能和行为三个层次上对知识型团队进行综合评价，实证研究同样证明了该模型的有效性。最后，在以上研究的基础上设计了企业研发团队绩效评价体系，并对各级指标通过层次分析设定了权重，同时根据指标内容设置绩效评价标准，以便在具体实施中对评价体系进行具体的应用。

（2）知识型团队的上下级关系方面：首先，针对"圈子"和"人情"关系为特征在中国组织知识型团队，选择领导成员交换关系作为前因，分析并验证团队层面的领导成员交换关系对知识型团队创新的影响机制。领导成员交换关系（LMX）作为近30年来领导理论中最活跃的变量，它对知识型团队创新之间的影响机制却被已有研究忽略。少数涉及团队层面领导成员交换关系与团队输出之间关系的研究，也普遍缺乏对中介和调节作用的深入探讨。为了弥补现有研究的不足，本书选择团队层面的领导成员交换关系作为关注点，探讨了它是否、如何以及何时对知识型团队创新产生影响，以国内不同行业企业中 74 个知识型团队的成员及主管为样本进行实证研究。研究发现：团队层面 LMX 与知识型团队创新正相关，交互记忆系统承担部分中介作用；知识型团队中领导成员交换关系的差异对团队层面 LMX 与团队创新之间的关系具有调节作用，它会强化团队层面 LMX 与知识型团队创新之间的正向关系。其次，针对知识型团队普遍存在的差序格局问题，选择了领导成员交换关系差异为前因，探索领导成员交换关系差异对知识型团队工作态度的影响。从直觉上讲，领导成员交换关系差异可以解释中国组织中员工和团队的诸多行为，但受西方领导理论的研究导向影响,本土特色鲜明的差序格局并未引起国内学者的广泛关注,以实证为基础的系统理论更加匮乏,尤其是团队层面的研究十分有限。鉴于此,本书探讨了领导成员交换关系差异对知识型团队工作态度的影响机制。通过对来自不同组织 49 个知识工作团队的 225 个成员的调研,展开实证研究。模型的测量建立在团队层面上,研究结果发现:在控制个体 LMX 质量的基础上,团队成员所感知到的差序式领导与团队情感承诺负相关,与离职倾向正相关,并且团队信任在以上两个关系之间起中介作用。

(3) 知识型团队的员工管理方面:本部分聚焦于知识型团队中新生代员工的管理问题,从三方面展开研究:第一,新生代知识型员工的高流动和离职问题。由于中国经济和社会文化环境以及劳动力结构的变化,新生代知识型员工的离职意向与以往的劳动力群体有所不同。对此,本部分选择互联网创业公司作为研究焦点,基于整合视角采用整合研究,综合国外关于知识型员工和新生代员工离职倾向的相关研究以及国内学者关于新生代知识型员工离职因素探索成果,从工作特征、组织特征、群体特征、个体特征、环境影响 5 个方面构建研究框架,识别触发该群体离职倾向的 28 个潜在因素,并采用大样本的实证研究验证整合视角下离职模型的有效性。第二,新生代知识型员工的领导方式问题。"90 后"员工成为职场主力后,针对这一群体的领导问题成为困扰管理者的一大难题,尤其在互联网创业企业中,"90 后"作为中流砥柱,其有效领导问题更为突出。对此,本书以互联网创业企业的"90 后"员工为调研对象,调查这一特殊群体对领导特质的偏好情况,提炼出四个显著因子,分别是领导外在吸引力、领导感召力、领导个人品德以及领导个人专制力,探明互联网创业企业"90 后"员工在领导特质上的偏好情况。第三,基于"90 后"领导偏好的情况提炼管理对策,为互联网创业企业有效领导"90 后"员工提出直接的指导建议。

(4) 知识型团队知识管理方面:本部分聚焦于知识型团队内部知识管理问题,从两方面展开研究:第一,如何通过有效的内部知识转移为知识型团队赋能。团队内部知识转移过程中,知识是转移活动的客体,团队成员是转移的主体,情境是知识转移活动所依存的环境,三者结合构成了团队内部知识转移的完整系统。因此,本书在文献回顾的基础上,从知识特性、团队成员因素以及团队情境因素三个方面探寻内部知识转移的影响因素,并详细分析了不同影响因素与知识转移(过程满意度、知识再创度和知识内化度)、团队绩效(任务绩效、团队满意感和知识技能提升)之间的关系,以期从理论上指导团队内部知识的良性转移,提高团队和组织的绩效,提升知识型团队的管理水平。第二,如何实现团队成员高粘性隐性知识的共享,将真正有用的"经验"在团队内传播。对此,笔者梳理了知识共享和粘滞性知识的相关文献,随后从知识共享主体、共享客体、共享媒介以及外界环境四个方面对团队内部粘滞性知识的共享模型进行构建,并以此为基础提出了若干降低共享过程知识粘滞性的对策。

目 录

|测量与评价篇|
——系统评价知识型团队绩效

1 理论探索：知识型团队绩效的内涵与测量 …………………………… 003
  1.1 引言 / 003
  1.2 文献回顾 / 003
    1.2.1 知识型团队 / 003
    1.2.2 绩效与团队绩效 / 007
  1.3 知识型团队绩效内涵 / 010
    1.3.1 知识型团队绩效认知现状 / 010
    1.3.2 知识型团队绩效结构的重新梳理 / 011
  1.4 知识型团队绩效的测量 / 015
    1.4.1 初始量表设计 / 015
    1.4.2 量表项目的修订 / 020
    1.4.3 量表项目的通俗性分析 / 021
    1.4.4 探索性因子分析 / 022
    1.4.5 验证性因子分析 / 027
    1.4.6 信度分析 / 031

2 场景应用：企业 R&D 团队绩效评价体系研究 …………………………… 032
  2.1 问题提出 / 032

2.2 相关概念界定 / 033
    2.2.1 研发 / 033
    2.2.2 研发团队 / 033
    2.2.3 研发团队绩效 / 035
    2.2.4 绩效评价体系 / 036

2.3 理论模型及量表编制 / 038
    2.3.1 理论模型的提出 / 038
    2.3.2 评价量表编制思路 / 039
    2.3.3 初始量表内容 / 041
    2.3.4 预试 / 041
    2.3.5 因子分析与信度分析 / 042
    2.3.6 正式问卷 / 047

2.4 企业R&D团队绩效评价模型的验证性因子分析 / 048
    2.4.1 产品绩效测量模型的验证性因子分析 / 049
    2.4.2 项目绩效测量模型的验证性因子分析 / 051
    2.4.3 人员绩效测量模型的验证性因子分析 / 052
    2.4.4 企业研发团队绩效评价测量模型的验证性因子分析 / 054

2.5 企业研发团队绩效评价体系的构建 / 056
    2.5.1 企业研发团队绩效评价体系的构建思路 / 056
    2.5.2 企业研发团队绩效评价指标权重的设计 / 056
    2.5.3 企业研发团队绩效评价标准的设计 / 057

2.6 结论与展望 / 060

|领导—成员关系篇|
——营造"和而不同"的上下级关系

3 "和"的力量：领导—成员交换关系与知识型团队创新绩效 ………… 065
    3.1 引言 / 065

3.2 理论分析与假设 / 066
 3.2.1 团队水平 LMX 和团队创新 / 066
 3.2.2 团队水平 LMX 和团队合作 / 067
 3.2.3 团队合作和团队创新 / 068
 3.2.4 团队合作的中介效应 / 068
 3.2.5 团队 LMX 差异的调节作用 / 069

3.3 样本选择与变量测量 / 069
 3.3.1 样本和程序 / 069
 3.3.2 变量测量 / 070

3.4 实证检验 / 071
 3.4.1 基于相关分析的假设检验 / 071
 3.4.2 基于多元层次回归分析的假设检验 / 072
 3.4.3 LMX 差异在团队层面 LMX 与团队创新间的调节效用检验 / 073

3.5 结论与展望 / 075

4 "不同"的艺术：LMX 差异与知识型团队工作态度 …………… 077

4.1 引言 / 077

4.2 理论基础与研究假设 / 079
 4.2.1 领导成员交换关系差异与成员信任 / 079
 4.2.2 领导成员交换关系差异与成员的工作态度 / 080
 4.2.3 成员之间信任与员工工作态度 / 081
 4.2.4 成员之间信任对领导成员交换关系差异—成员工作态度的中介作用 / 082

4.3 研究方法 / 082
 4.3.1 被试者 / 082
 4.3.2 变量的测量 / 082
 4.3.3 研究结果 / 083

4.3.4　基于相关分析的假设检验 / 083

　　　4.3.5　基于多元层次回归分析的假设检验 / 084

4.4　讨论及结论 / 085

|员工管理篇|
——洞察知识型团队成员的心理和行为规律

5　新生代知识型员工离职倾向影响因素 ·············· 091

　5.1　问题的提出 / 091

　5.2　文献回顾 / 092

　　　5.2.1　国外相关研究 / 092

　　　5.2.2　国内相关研究 / 093

　　　5.2.3　国内外评述 / 094

　5.3　研究方法 / 094

　　　5.3.1　基于整合视角的离职倾向影响因素分析 / 094

　　　5.3.2　正式问卷形成与数据收集 / 096

　5.4　数据分析及结果 / 097

　　　5.4.1　量表的效度检验 / 097

　　　5.4.2　信度检验 / 099

　　　5.4.3　影响因素对离职倾向的作用机制 / 101

　5.5　结论与讨论 / 103

6　新生代知识型员工的内隐领导原型与管理策略 ·············· 105

　6.1　问题的提出 / 105

　6.2　研究方法及抽样 / 106

　6.3　实证研究 / 107

　　　6.3.1　领导特质偏好的探索性因子分析 / 107

　　　6.3.2　内隐领导原型的调研结果 / 109

6.4 对策建议 / 111

| 知识管理篇 |
——利用知识管理为知识型团队赋能

7 搭建知识迁移的高速公路：内部知识转移与知识型团队绩效 ········· **115**
  7.1 问题的提出 / 115
  7.2 文献回顾 / 116
    7.2.1 关于知识的讨论 / 116
    7.2.2 知识转移的概念界定 / 118
    7.2.3 知识转移的相关模型 / 120
    7.2.4 团队内知识转移的影响因素研究 / 123
    7.2.5 以往研究的不足 / 124
  7.3 理论假设 / 125
    7.3.1 知识特性 / 126
    7.3.2 成员因素 / 128
    7.3.3 情景因素 / 129
    7.3.4 知识转移与团队绩效 / 131
    7.3.5 控制变量 / 132
  7.4 研究设计 / 133
    7.4.1 数据采集 / 133
    7.4.2 变量测量 / 135
    7.4.3 信度检验 / 138
    7.4.4 验证性因子分析 / 138
  7.5 假设检验 / 141
    7.5.1 知识转移影响因素结构方程分析 / 141
    7.5.2 知识转移和团队绩效的结构方程分析 / 142
    7.5.3 控制变量的研究 / 144

7.6 结论与讨论 / 150
 7.6.1 关于"知识型团队内部知识转移影响因素"的讨论 / 150
 7.6.2 关于"知识转移—知识型团队绩效"的相关讨论 / 152
 7.6.3 关于控制变量的讨论 / 153

8 为"经验"插上翅膀：团队内部粘滞性知识共享模型构建 …………… 155

8.1 引言 / 155
8.2 关于粘滞性知识和知识共享的综述 / 155
 8.2.1 粘滞性知识的国内外相关研究 / 155
 8.2.2 知识共享的国内外相关研究 / 156
8.3 团队内部粘滞性知识的共享模型 / 156
 8.3.1 源于知识本身的粘性 / 156
 8.3.2 源于团队成员的粘性 / 158
 8.3.3 源于共享渠道的粘性 / 159
 8.3.4 源自环境的知识粘性 / 160
8.4 降低共享知识粘滞性的管理对策 / 161

结束语 …………………………………………………………………… 164

参考文献 ………………………………………………………………… 168

测量与评价篇
——系统评价知识型团队绩效

　　任何团队的运行都离不开制度的保障，知识型团队也不例外。在众多组织制度中，绩效评价最为敏感，也是对团队产出影响最为显著的因素。因此，如何科学、合理地评价知识型团队绩效是构建高绩效知识型团队需要解决的首要问题。然而，要回答这个问题必须明确什么是知识型团队绩效的内涵与本质，追溯知识型团队存在的价值和意义。传统"成王败寇"的森林法则是否适用于知识型团队？只要目标顺利完成，知识型团队就是成功的吗？这些疑问将在此篇研究中得到解答。

1 理论探索：知识型团队绩效的内涵与测量

1.1 引言

随着知识型团队的广泛采用，构建高效的知识型团队成为诸多组织获取竞争优势的关键。但是，要想打造一支理想和有竞争力的知识型团队，必须首先弄清楚何谓"高绩效"。高绩效仅仅是指团队产出水平符合团队目标或者超出团队目标？还是团队成员满意度高的团队即为高绩效？抑或是高绩效有着其他不同解释？要准确回答上面一系列问题，离不开对知识型团队绩效内涵结构的深入探索。回顾已有文献，虽然学者们围绕知识型团队绩效展开了大量的实证研究，也取得了不少有价值的结论。然而，对于"知识型团队绩效到底是什么"这一基本问题却没有进行细致的讨论。不少研究为了实证检验的便利，直接将知识型团队绩效与一般团队绩效的结构相等同并展开相关探索，这样的前提假设并没有体现知识型团队的独特性，由此而得到的研究结论对于知识型团队管理实践的指导意义也会大打折扣。因此，为了更加准确地理解知识型团队绩效的影响因素，本书首先围绕到底何谓知识型团队绩效、知识型团队绩效应该包含哪些内容、它与一般团队绩效的内涵是否有所区别等基本问题展开探索。在回顾知识型团队内涵的基础上，从目标—关系—能力三个维度理解知识型团队内涵，并采用大样本实证研究加以检验，具体内容如下：

1.2 文献回顾

1.2.1 知识型团队

团队是指为实现某一目标而由相互协作的个体所组成的正式群体

(Robbins，1994)。追溯到40年前，团队还是商界佼佼者们的秘密武器，世界500强企业中采用团队的也不到50%。然而，对当今组织来讲，团队并非一个新名词，它已经成为社会不同类型组织实现自身目标的一种普遍工作方式。任何一类组织从最早的创业活动，到后期扩大发展，再到成熟稳定的整个生命周期经营中随处可见"团队"的影子，团队在组织运营与管理活动中扮演越来越重要的角色，这也使其逐渐成为组织运作的基本单元，现在没有使用团队这种工作方式，反而成了一种罕见现象。

从早期质量圈等问题解决型团队，到后来的自我管理型团队，再到当前流行的跨职能和虚拟团队，团队类型一直跟随外界环境变化而不断演化发展。当前，创新成为驱动全球经济发展的主旋律，创新工作的复杂性和创造性促进了以往互不相关知识领域的融合和交错。这种知识界限的模糊进而引起组织界限的模糊，在此趋势下人们所熟知的多功能团队变成了知识团队，不同知识领域的个体构成团队进行工作成为一种必然。

正如德鲁克所预言的，知识经济时代的工作需要重组，以团队的形式形成一个更高效的系统。大量的管理实践也证明了这一点，知识型团队在组织中渐渐成为竞争优势获取的载体和单位。由于任务和目标差异，知识型团队在与不同情境互动的过程中有着诸多表现形式，比如企业研发团队、项目咨询团队、高校的科研创新团队、医院的外科手术团队等。由于知识型团队形式的多样性，学者们对于"何谓知识型团队"这一问题的回答也不尽相同。

Janz Colquitt 和 Noe（1997）较早提出了知识型团队的概念，并将其界定为由知识型员工组成的团队。Lewis（2004）认为知识型团队是为了解决问题、创造新产品等而创建的，而且团队中各有所长。国内学者张体勤（2002）较早开始关注知识型团队，他认为知识型团队是指由知识工作者构成的，以推出某种新产品或新服务为基本目的的项目团队。廖冰和纪晓丽（2003）则将知识团队定义为：由来自不同知识领域的知识员工组成的，以一定的任务为导向，创造并维持信任、支持、尊重和合作的团队氛围，共同完成团队任务的群体。徐向艺（2008）将知识团队理解为为了促进知识的共享而建立的团队，知识团队与一般团队最大的区别就在于知识的共享。他指出知识所固有的隐形特征、加之任务的复杂性和知识获取上的分工，使得任务需要的知识总量太过庞大，超过任何一个人的学习能力，只有将具有不同知识背景的员工组合在一起形成团队，实现知识共享才能完成任务，而具有这种知识共享特点的团队就是知识型团队。

综合国内外研究，学术界对于知识团队的认识目前尚无标准定义。然而，不论学者们看待知识型团队的视角和理解有何不同，本质上讲，他们都是对知识团队某一个或多个共性特征的映射。因此，为了更加清晰地阐释知识型团队与其他形式团队的区别，本书借鉴组织行为学团队分析的最为经典的 I-P-O 模式，梳理已有知识型团队内涵的相关研究，如表 1-1 所示。I-P-O（Input-Process-Output）模型，即团队效能的"投入—过程—产出/目标"模型，由 McGrath 在 1964 年提出。McGrath 将团队实现目标的过程分割为三个关键环节，分别为输入阶段、加工阶段以及产出阶段，其中输入阶段反映团队完成目标的人员构成、各种资源等；加工阶段反映团队成员之间以及团队成员与领导者之间的各种互动；产出/目标阶段反映团队的任务绩效以及其他绩效情况。该模型将整体团队运行过程"庖丁解牛"，被广泛应用于团队有效性的分析和探索。

表 1-1　知识型团队特征的梳理

I-P-O	对应的内容	特点
投入	团队成员的智力资本 知识型成员	高度信息不对称 平等的团队地位
过程	成员从事知识加工、学习以及创造 团队成员之间是一种互惠式关系 知识共享、转移以及协同影响着最终	高学习、高协作、原创性的工作系统
产出/目标	凝聚着新知识的服务或者产品	高风险性、高模糊性 高动态性

知识团队是团队概念的深化和演进，它继承了现代学习团队的基本特征，同时又有其特有特点。首先，从团队目标和产出来看，所谓"存在即合理"，任何一个团队的成立都有一个与之相对应的目标，它不仅凝聚团队成员而且引领团队不断前进。不同团队的目标有所差异，但都是满足人们的需求，知识型团队也不例外，但是知识型团队是通过创造和发现新知识来直接或间接满足人们不同层次需求的。比如，科研团队的目标是发现并揭示人类或者某个学科未知领域的新知识，这些新的知识以论文、报告等形式作为载体传播给世人，直接满足他们对于新知识的需求。对于企业研发团队来说，他们的直接目标是开发某一实物新产品来满足人们生活和工作的需求，但新产品背后同样是新知识的凝聚，属于新知识的一种衍生物

或具体应用。由此可见，知识型团队的根本目的在于创造新知识，其产出是承载着新知识的不同形式载体，如新知识服务或者新知识产品等。新知识是一种未知产物，对于未知领域的探索总是充满着风险和不确定性。因此，知识型团队的目标设立之初往往具有较高的模糊性，而其产出则具有高风险性。例如，对于企业研发团队来讲，他们虽然对开发最终产品有什么样的功能和特点有一个描述，但仅仅是一些合理设想和假设，最终产品是否能够实现这些要求，仍具有很大的不确定性。

其次，从团队投入环节来看。要实现团队目标，离不开充足的资源。正所谓"兵马未动，粮草先行"。知识型团队最主要的投入就是知识型员工以及凝结在他们身上的知识、经验、经历等具有明显异质性的智力资本。一方面，高度异质的智力资本是知识型团队完成创造性和复杂性任务的基础，它使得每一个团队成员都是其相关领域的"专家"，团队中就不会存在传统意义上的"权威人物"，从而表现为团队成员地位上的平等和管理上的信息不对称；另一方面，知识型团队作为由知识工作者组成的团队或组织创新单元，知识型员工的一些人格特征也在团队层面有所映射和体现。例如，知识型员工一般具有很强的成长需求，在与其他"专家"共同工作的过程中，会积极从他们身上发现并汲取对自身能力的有利因素，这使知识型团队具有很强的学习导向和动力。

最后，从团队加工环节来看。第一，知识型团队员工劳动过程由大脑来完成，生产工具隐藏在大脑中，是一种内隐的、不可观测的劳动过程。第二，由于知识型团队任务的复杂性和原创性，团队成员仅靠自身知识存量进行加工难以完成目标，往往还需要补充和学习大量新的知识和技能。第三，协作是团队区别于一般性群体的重要特征，但是不同团队的协作要求也存在一定差异。具体来讲，团队员工之间的协作关系按照强度可以划分成三种：联营式、顺序式和互惠式，这三种关系对于协作性的要求依次升高。在联营式关系中，成员之间工作相对独立，他们各自为共同的产品做出贡献。在顺序式关系中，团队成员之间的工作呈现出单向依赖关系，比如，成员 B 功能的实现建立在成员 A 功能实现的基础上。在互惠式关系中，团队成员各自功能的实现均建立在对方功能实现的基础之上。任何一方的功能不能实现，另一方的功能也不能实现。对于知识型团队来说，其目标任务的复杂性和不确定性都决定了成员之间高度的互惠性，团队成员需要通过共享、交流并融合彼此的知识技能来整合所拥有的知识资源，以解决复杂的知识工作并提供知识密集型的产品和服务。

综上所述，本书将知识团队定义为：知识团队是由不同知识领域的知识员工组成，高学习性、高协作性、高原创性的工作系统，该系统通过整合团队成员的智力资本，完成复杂的知识任务或者提供知识型产品和服务。

1.2.2 绩效与团队绩效

绩效，是管理者经常挂在嘴边的一个词，但要对它下一个明确的定义却并非易事。绩效这个词是一个舶来品，1989年版的《辞海》并未收入"绩效"一词。按照《牛津现代高级英汉词典》的释义，绩效对应的英文是Performance，主要包括"执行、履行、表现、成绩"等含义。实际上，绩效的含义，在不同的学科领域、不同的组织以及组织发展的不同阶段，有不同的解释。

20世纪70年代开始，研究者们开始关注绩效的内涵研究，早期学者普遍将绩效看成是一个单维度构念，从三种不同的角度对绩效加以理解，它们分别是绩效的结果观、行为观和能力观。结果观将绩效看成在特定的时间内，由特定的工作职能或活动产生的产出记录。比如，凯恩（1996）指出，绩效是"一个人留下的东西，这种东西与目的相对独立存在"；Bernardin（1995）则将绩效定义为工作效果，因为工作效果与企业、顾客的满意度和经济效益等战略目标有最紧密的联系。然而，将绩效直接等同为结果，会忽视一些对组织非常重要的过程因素和情境因素，容易引发员工的一系列短期行为，所以学者们提出了第二种观点，即绩效是一种行为。其中比较典型的定义来自Murphy（1990）和Cambell（1993）两位学者的研究。Murphy（1990）指出绩效是与一个人在其中工作的组织或组织单元的目标有关的一组行为；而坎贝尔指出"绩效应该与结果区分开，因为结果会受系统因素的影响"，他在1993年给绩效下的定义是"绩效是行为的同义词。它是人们实际的行为表现并能观察到"。除以上两种典型的观点之外，近年来又出现了以能力为基础来解释绩效的第三种观点。这种观点认为结果观和行为观都只是团队以往的产出和过程，都属于过去式，对于团队的未来并不能起到很好的预测和控制作用，即按照这两种观点实施的绩效管理并不能保证团队的成功。因此，他们认为应该根据胜任相应工作的素质要求，以人们的素质为依据来判断可能获得的绩效，即"绩效=能力"。按照绩效的这种解释，需要根据组织具体情况对素质进行定义，并根据具体需要为组织中各岗位建立保证高绩效的素质。随着管理实践的深度和广度不断增加，人们对绩效概念和内涵的认识也在不断变化。美国学者贝兹和霍尔顿（Bates and Hohon，1995）指出，绩效是一个多维构建，观察和测量的角度不同，其结果也会不同。目前对于绩效结构典型的观点包括两种：一是认为"绩效＝行为+结果"的二维观点，二是认为"绩效＝行为+结果+能力"的三维观点。

团队绩效的理解以绩效的理解为基础，也呈现出了由单维到多维转变的过程，不同的学者关于团队绩效有着不同的看法，本书按照学者们对团队绩效结构理解的差异进行归纳和梳理：

第一，团队绩效是一个单维度的构念，具体内容如表1-2所示。

表1-2　单维度团队绩效的内涵

结构	学者	内涵
结果观	Song et al.（1997）	团队绩效包括团队的目标达成率、决策时效性、产品品质三个方面
结果观	Cohen & Bailey（1997）	团队绩效是指团队成员为达到集体目标而共同努力的成果，包括生产力、决策、服务的质量等，它可以用其输出的产品或服务加以衡量
过程观	Nieva et al.（1978）	团队绩效是团队为了要完成任务所表现出来的一种目标导向行为

第二，团队绩效是一个包含两个维度的构念，具体结构如表1-3所示。

表1-3　团队绩效的两维度结构及内涵

结构	学者	内涵
任务绩效；周边绩效	Borman，Motowidlo（1993）	任务绩效是与工作产出具体相关的，同时也和个体能力、任务熟练程度和工作知识密切相关的绩效；周边绩效也称为关系绩效或关联绩效，指自愿从事执行非任务活动，协助他人并一起完成工作任务，涉及成员之间的相互协作与交流行为。比如主动加班、良好的同事关系、主动帮助等
主观绩效；客观绩效	Beard，Dess（1981）	主观绩效指标包括工作满意度、员工承诺等；客观绩效指标包括销售收入变化、销售率水平、净利润、离职率、提出测量企业成长等客观指标
短期绩效；长期绩效	Donald（1998）	短期绩效包括团队达成成本、工期和技术产出目标的能力；长期绩效指的是团队内部成长和成熟的程度

续表

结构	学者	内涵
团队效能；个人效能	王建忠（2001）	团队效能包括合作满意、团队承诺、任务绩效；个人效能包括督导满意度以及个人绩效
团队效能；团队效率	张文勤（2009）	团队效能是指团队产出满足预期的程度，反映实际结果与预期结果的比较；团队效率包括任务绩效和团队态度两个方面

第三，团队绩效是一个包含三个维度的构念，具体结构如表1-4所示。

表1-4 团队绩效的三维度结构及内涵

结构	学者	内涵
团队结果产出；团队成员满意感；继续合作能力	Nalder（1990）；Hackman, Lawler（1976）；Gladstein（1987）	团队结果产出指团队生产的产品必须达到或者超出组织所规定的质量和数量标准，同时满足团队客户的需求；团队成员满意感指团队的活动结果带来成员之间良好的关系；继续合作能力指团队在完成任务之后，成员间的人际关系和团队凝聚力得到进一步提升，有利于成员今后的持续合作
团队目标产出；成员个人产出；未来工作能力	徐芳（2001）	团队目标产出指的是团队实际完成目标的情况；成员个人产出指的是团队成员实际完成基于团队目标分解的个人任务目标的情况；未来工作能力指的是团队成员因为团队合作而产生彼此信任、相互协作等工作能力提升
任务绩效；成员满意度；知识技能	李翠（2009）	任务绩效包括工作数量、质量、速度、成本；成员满意度指团队成员工作满意度、融洽程度、归属感；知识技能提升包括个人和团队知识技能、经验

第四，将团队绩效是一个包含四个维度的构念，具体结构如表1-5所示。

表1-5 团队绩效的四维度结构及内涵

结构	学者	内涵
效果；效率；学习与成长；团队成员满意度	Mac Bryde, Mendibil（2003）	效果是指团队利益相关者对任务完成的满意程度；效率是指团队工作对团队成员满意度及团队成长的支持度；学习与成长包括对创新、过程改进、实践等技能的学习和掌握；团队成员满意度是指团队工作对团队成员个人成长的促进作用

1.3 知识型团队绩效内涵

1.3.1 知识型团队绩效认知现状

知识型团队是广义团队组织与外界环境互动演化形成的一种具体模式。因此，学者们对知识型团队绩效结构的理解普遍建立在团队绩效内涵和结构的基础上。学者们关于团队绩效的不同认知，从概念的范畴上来讲，可以划分成两大类：一类是狭义的团队绩效；另一类是广义的团队绩效。狭义团队绩效是指团队完成既定的目标或任务的程度，即任务绩效，对应单维度团队绩效的结果观。从狭义的角度来讲，团队绩效并非一个复杂概念，知识型团队绩效与其他类型团队绩效内涵应该是一致的。广义的团队绩效与团队效能或者团队有效性是同一概念，它认为团队绩效是一个多维度构念，除了任务绩效外，其他方面对团队产出有重要影响的因素也应该纳入到团队绩效范畴内，比如团队成员满意度、团队能力提升等。从广义的角度讲，知识型团队绩效与其他团队绩效内涵可能有一定的差异，因为不同类型团队的工作流程、方式和内容都各有特点，影响最终团队产出的关键要求不尽相同，比如，工厂流水线上的工作团队并不需要特别突出的学习能力，而需要非常好的经验和熟练操作能力；而对于企业研发等知识型团队来讲，团队成员的学习能力是非常关键的，即使成员有再多的知识存量和经验，面对个性化的团队任务，都需要补充和学习新东西。

比较知识型团队绩效狭义和广义两种不同认知，绝大部分研究支持后者，即将知识型团队绩效理解为一种多维的构念，而非狭义上的"仅以成败论英雄"的任务绩效。例如，不少学者利用借鉴任务绩效—周边绩效理论对知识团队绩效进行阐释和评价；还有部分学者则利用 Hackuman (1976) 的研究，认为知识型团队绩效包括团队任务绩效、团队成员满意度、团队的发展能力三个方面的内容。这样的理解方式与知识型团队设立的目的、任务产出的高风险性和高不确定性相匹配。然而，不论是知识型团队绩效的二维度结构还是三维度结构，都存在一个共性问题，即它们都采用"拿来主义"的方式理解知识型团队绩效内涵，将知识型团队绩效与一般意义上团队绩效加以等同。不可否认，知识型团队绩效与广义团队绩效确实存在一定的包含关系，但是广义团队绩效内涵来源于不同类型团队的共性特征，并不能体现知识型团队某些独特性，而这些独特内涵要素在知识型团队管理情境中可能是格外重要的。另外，对于知识型团队理论研究来说，其绩效内涵的缺失是该理论体系的一个空白，作为其他实证研究的基础，有必要对知识型团队内涵进行重新的梳理和实证检验。

既然已有文献知识型团队绩效内涵的认知都是"拿来主义"，那么如何重新理解和构建知识型团队绩效呢？要解决这一问题，一个可行的思路是：以学者们对团队绩效不同理解为基础，结合知识型团队的特点加以修正，得到初始的知识型团队绩效结构体系，然后再利用大样本的数据对内涵结构进行探索性和验证性因子分析进一步修改和检验其效度。

1.3.2 知识型团队绩效结构的重新梳理

知识型团队作为团队演化的一种具体形式，其内涵也是一个多维度构念，这一点已被已有研究广泛支持。团队绩效是团队运行结果的总体情况，根据不同的研究目的，团队绩效的界定不尽相同，但这些丰富观点背后也投射出了一些的共性认知，即他们一致强调从"平衡"视角理解团队绩效。所谓"平衡"包括两方面的含义：一是结果与过程的平衡；二是现在与未来的平衡。

"结果与过程的平衡"可以看作是绩效最原始意义在团队层面的一种映射。所谓"绩效"是"绩"和"效"的统一体："绩"反映的是业绩和结果是否满足需要；而"效"反映了行为和过程是否合理高效。对于团队绩效来讲，它应该包括团队 I-P-O 模型中的后两个阶段：一方面反映团队产出结果与任务目标的匹配程度，是否做了正确的事；另一方面反映团队互动成员间互动是否有效，是否按照正确的方式做事。回顾已有团队绩效观，两维度结构观中"任务绩效和周边绩效""主观绩效和客观绩效"以及"团队效能和团队效率"三种不同结构维度划分的依据都源于"绩"和"效"的差异。其中，任务绩效、客观绩效以及团队效能均对应"效"的层面；而周边绩效、主观绩效和团队效率则均对应"效"的层面。三维度和四维度结构观不完全按照"绩"和"效"进行划分，但是都包含了能够反映两者内涵的子维度，比如，Naddler, Hackman 和 Lawler（1976）的研究中，团队结果产出对应"绩"而团队成员满意感对应"效"；Mac Bryde 和 Mendibil（2003）的研究直接将效果和效率作为两个子维度。

"现在与未来平衡"强调绩效是现实收益和预期收益的一种集合体，即绩效不仅是对已经发生结果和行为的一种陈述，还应该描绘出对未来发展有哪些积极影响。如果将发展中的组织比作一个向前走的人，那么绩效就是对这个人所迈出每一步状态的一种描述，这一步迈得怎么样需要综合考虑这个人前后两只脚的情况，后一只脚是扎根于过去的，而前一只脚则是迈向未来的。按照这样的逻辑，团队绩效也应该涉及"团队做了什么"以及"未来能做什么"两方面内容，"做了什么"是团队的过去式，关乎团队工作的最终结果是否能够很好地满足当前目标；而"能做什么"是团队的将来式，关乎团队能力的提升能否满足未来目标。回顾已有团队绩效观，Donald（1998）直接将团队绩效划分为短期和长期两个维度，短期绩效对应团队达成当期目标的情况，长期绩效衡量团队未来成长能力。类似地，Naddler, Hackman和Lawler（1976）的研究借助团队结果和团队成员满意感来追述团队过去，而用继续合作能力来反映团队未来发展。Mac Bryde和Mendibil（2003）的四维度结构观则进一步丰富了团队当前收益的内容，包括效率、效果和成员满意度，而将团队学习与成长视为团队预期收益。

综合以上两个平衡原则，已有研究中二维度划分的团队绩效观只考虑一方面的平衡，不够全面。三维度和四维度划分的团队绩效观都包含两方面的平衡，而两者相比较，四维度结构虽然更加详细，但是个别维度之间存在一定的概念重合。比如，团队成员满意度与效率可以合并共同反映团队过程运行的情况。因此，三维度团队绩效观是理解知识型团队内涵较为妥当的选择，兼顾了平衡原则以及简洁、独立的维度结构。以三维度结构观为基础，综合知识型团队的特点，本书认为知识型团队绩效是一个二阶三维度结构，整体结构如图1-1所示。

目标绩效是知识型团队所提供最终知识性服务和产品对于目标客户知识缺口诉求满足程度，包括任务绩效和创新绩效两方面。其中，任务绩效又可以称为"常规绩效"或者"一般绩效"，反映了知识型团队提供知识性服务、产品或者技能对于客户明确知识诉求和预期目标的达成情况，是知识型团队是否做好了自己"分内事"或"角色内"任务的一种描述；而创新绩效则是知识型团队在实现目标过程中，有意识地在团队中引入和应用一些比较新的想法、过程、程序等，以及产生的新的、有价值的技术、创意或者解决方案，这些新的知识成果可能使个人、团队、目标任务以及社会受益。任务绩效和创新绩效都是在实现团队目标的过程中产生的，前者聚焦于目标客户，反映对他们预期目标的满足情况；而后者则聚焦于团队利益相关者，反映目标客户预期以外的新发现和手段。区分常规绩效和创新绩效的一个典型例子就是组织行为学上最为著名的霍桑实验。梅奥受美

1 理论探索：知识型团队绩效的内涵与测量

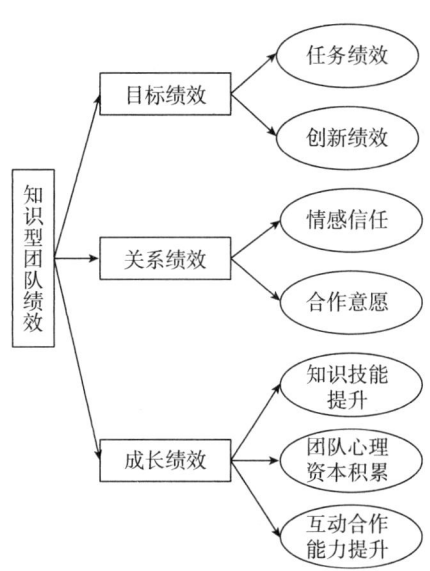

图1-1 知识型团队绩效的"目标—关系—成长"的三维度结构

国霍桑工厂所托，组织相关研究人员对该企业员工工作动机不足的原因进行了一系列的调查和咨询服务。显然，梅奥领导的团队是一个典型知识型团队，其成立的目的就是满足委托目标客户关于工作动机探索的知识缺口，调查清楚哪个工作因素会影响该企业员工的工作动机。经过历时两年的调查研究，梅奥成功完成了项目预期目标，指出员工社会需求没有得到较好的满足是霍桑工厂员工工作效率不足和动机不强的重要因素，因此，该团队的任务绩效水平较高。另外，他的这一发现打破了长久以来的经济人假设，形成社会人的理论假说，而这一假说的提出对于社会和企业管理都有重要意义，因此，该团队创新绩效水平也非常高。

关系绩效是关于知识型团队动态互动中，团队成员与其他团队主体（领导者、团队其他成员以及团队工作本身）所形成互动关系质量的一种描述。与任何一种团队类似，知识型团队目标实现从根本上依赖于团队成员间协调行为的完善程度，随着知识型团队成员之间交流和合作的日益频繁，其内部社会网络逐渐形成并不断演化，直至团队任务结束。团队内部社会网络是知识型团队任务目标以外的一种副产品，而关系绩效就可以看作是对这一团队任务衍生产品质量的一种衡量，具体来说，它反映的是内部社会网络不同成员之间联系的强度。知识型团队内部的社会网络中不同成员之间的联系包括两大类：一类是情感纽带，基于友谊和共同兴趣而形成的连接；另一类是认知纽带，基于团队成员业务能力和可靠性的认知判断而形成的连接，这两类连接相互影响共同决定了网络上不同节点之间的关联强度。因此，关系绩效也包括两方面内容：一是情感信任，衡量知识型团队不同成员互动形成的情感关系强度；二是合作意愿，衡量知识型团队不同成员互动形成的认知关系强度。情感关系绩效越强，意味着团队成员之间的信任越强，团队互动中知识共享、转移和团队学习情况越好。团队成员未来合作的意愿和可能性高，预示着知识团队可发展性强。大量已有研究和管理实践都指出，知识型团队不像传统项目团队那样强调"一锤子买卖"，相反团队成员长期的合作和信任对于知识型团队未来创新和创造力都有深远影响。就像皮克斯公司为什么能够让不可一世的迪斯尼帝国为之颤抖，很重要的一个原因是来自皮克斯公司团队长期合作机制和信任所诞生的强大创造力。因此，关系绩效也是知识型团队绩效的重要组成部分。

成长绩效是知识型团队完成任务所获得预期收益。知识型团队与其他团队最大的区别在于高风险性，因为他们主要从事知识创新任务，而知识创新的复杂性和不确定性导致了知识型团队失败的概率很大，如果仅以"成败论英雄"，过分强调当前任务完成情况，便将知识型团队绩效理解得过于狭隘。知识型团队成立的主要目标就是创造新知识，而新的发现并非一次性完成的，而是千百万次试错积累得到的，正是有了一次次的错误尝试，才发现最后那条正确的道路。"积小胜为大胜"固然令知识型人员和团队向往，但它并非知识创造和发现的常态路径。相反，过于强调"当前的小胜"，会限制知识型团队成员的眼界，削弱他们的创造力，让他们更加求稳，不敢采取冒险行为，最终难以实现大的突破。所以，仅以一次任务结果不如意，就否定整个知识型团队的努力，将它与低绩效相等同，显然是不科学的。对于知识型团队而言，即使任务结果不如预期，但通过任务所积累的经验，成员之间合作的默契以及团队心理资本的提升，同样是团队的一笔宝贵财富和收益，直接影响着知识型团队的未来发展。本书将这些对知识型团队在实现目标过程中获得的、对团队未来发展有积极影响的团队收益统称为成长绩效，具体包括三方面的内容：第一，知识技能提升，反映通过团队互动和学习，团队成员在知识、技能以及经验方面的提高；第二，团队心理资本提升，描述团队成员通过团队任务磨炼，所积累完成同类任务的信心；第三，团队互动能力，描述团队成员通过互动所形成相互之间的认可和默契。综上所述，成长绩效也是知识型团队绩效的维度之一。

1.4 知识型团队绩效的测量

1.4.1 初始量表设计

(1)"目标绩效"维度的测量题项。本书针对"目标绩效"的两个子维度,分别编制相关测量题项。第一,任务绩效。已有研究对于团队任务绩效的测量主要通过团队作业结果的客观评价指标来反映(Ancona & Caldwell, 1992; Keller, 1994; Hoegl & Gemuenden, 2001; Faraj & Sproull, 2000)。国外学者较早开展了相关研究,Henderson 和 Lee(1992)设计了 9 项量表进行团队任务绩效的测量,包含团队产出质量、团队工作效率及项目按时完成的情况,该量表在 Janz, Colquitt 和 Noe(1997)的研究中也被应用。Ancona 和 Caldwell(1992)从有效性及效率两方面衡量团队任务绩效,提出了团队工作效率、质量、技术创新、遵守日程、遵守预算和工作优异程度 6 项指标,此量表在国内团队研究中被多次应用并验证具备良好的信效度(张志学,Hempel,韩玉兰等,2006;王燕夷,2012)。Lovelace 等(2001)的研究将任务绩效定义为计划符合度(A Constraint Adherence),反映团队运作成本、进度与预算等方面非创新部分的绩效。其问项有:①团队按进度完成任务;②团队在预算内完成任务;③团队在计划的成本内完成任务。该量表内容相对简洁,也是近几年国内研究中采用频率较高的量表(林忆明,2012;李姗丹,2015),其内部一致性和信度在中国文化的团队情境中表现良好。国内学者对于团队任务绩效测量也进行了一系列探索,代表性研究如下:丁文涵(2013)从"任务按进度完成""完成目标情况""工作成果""完成质量"四个方面综合测量团队任务绩效。刘雪梅(2014)采用了韩翼和廖建桥(2006)设计的 10 个题项任务绩效量表,包括"团队是否足够完成被安排的工作任务""团队成员是否按照正式绩效考核的要求完成工作任务"等。周志成(2003)设计了团队绩效中任务维度达成包括的 6 个项目,分别为:①团队成员都清楚任务目标,并能在计划时间内完成任务;②团队成员完成的任务达到了标准;③团队成员工作非常努力,工作效率很高;④团队成员具备适应不同工作的能力;⑤团队成员齐心协力,共同努力,同甘共苦;⑥团队成员在工作中具有创造性。综合国内外的代表性量表,结合前文对知识型任务绩效的界定,本书认为任务绩效包括以下4项：①团队按计划进度完成任务；②团队在成本预算内完成任务；③团队产出质量达到了顾客要求的标准；④团队成员目标清晰，工作效率高。

第二，创新绩效。团队绩效的衡量方式主要有主观评价和客观评价两种，主观评价主要借助团队主管或团队成员的主观感知来完成，其内容并不统一。部分学者围绕创新特征表现，如突破性、重要性、新颖性（West & Anderson, 1996）、创意形成、创意推广和实际应用（Janssen & Van Yperen, 2001）、创新团队的生产力和创新性（Kratzer, Leenders & Van Engelen, 2005）来进行测量；部分学者围绕团队创新能力、团队创新行为（刘惠琴，2005）、产品创新绩效、过程创新绩效（王重鸣，2007）、创新有效性、创新效率（郑小勇和楼轶，2009）来进行测量。客观评价则依赖于所收集的客观绩效数据，例如新产品或新工艺流程的数量、项目组专利数量或专利应用数量（Pirola-Merlo & Mann, 2004）、研发投入、创新活动规模、发明产出质量、新产品引入程度（Hagedoom & Cloodt, 2003）等。根据团队绩效"结果"和"过程"平衡的原则，本书采用主观评价方式来衡量创新绩效，其内容既包括"过程成分"，即围绕任务目标所采取的创新方法、程序等相关努力，也包括"结果成分"，即任务期望以外的创新性产出。相关测量题项借鉴 Lovelace 等（2001）的研究，最终创新绩效的测量题项包括：①完成团队任务过程中，团队提出的新点子数量较多；②团队解决技术上的难题较快；③团队对变化的适应性很强。

综上，本书知识型团队目标绩效的测量题项如表 1-6 所示。

表 1-6 知识型团队目标绩效的测量题项

维度	子维度	题项
目标绩效	任务绩效	团队按计划进度完成任务
		团队在成本预算内完成任务
		团队产出质量达到了顾客要求标准
		团队成员目标清晰，工作效率高
	创新绩效	团队完成任务过程中，提出的新点子数量较多
		团队解决技术上的难题较快
		团队对变化的适应性很强

（2）"关系绩效"维度测量题项。关系绩效反映了团队副产品——社会网络强度，其本质与团队信任是一致的。因此，对于关系绩效的测量借鉴团

队信任测量的相关量表。回顾已有文献,团队信任衡量包括两种定义,一种是指团队内的一人对其他人的信任,包括认知基础和情感基础(Lewis & Weigert,1985);另一种指团队成员对团队整体的信任,反映团队成员对群体可信度和专家的信心(Moorman,Deshpande & Zaltman,1993)。比较两种衡量方法,显然第一种与本书对于关系绩效的界定是一致的,其中,情感基础信任对应知识型团队中情感网络强度,而认知基础信任对应知识型团队中认知网络强度。因此,本书参考认知基础和情感基础信任测量量表情感网络强度和认知网络强度的相关题项。对于这两个变量的测量,使用较为广泛的国外测量量表,即 Cook 和 Wall (1980) 以及 McAllister (1995)的研究。国内学者也有一些相关探索,例如,王怡然(2007)以高校创新团队为样本,通过探索性因子和验证性因子分析检验团队信任构念的结构,包括情感导向信任和任务导向信任两方面。其中,情感导向信任包括两个题项,一是"我与其他团队成员能够自由地交换彼此的意见、感受和希望",二是"工作之余,我与其他团队成员彼此交往密切"。任务导向信任包括 5 个题项,内容如下:"我们对待工作非常专业和敬业""我们的科研能力非常强""我们能自觉相互帮助,在时间要求内完成工作""我们对待工作非常负责任""我所在团队及其成员是令人尊敬的"。综合国内外典型量表,本书知识型团队的情感关系绩效和认知关系绩效的测量题项如表 1-7 所示。

表 1-7 知识型团队关系绩效的测量题项

维度	子维度	题项
关系绩效	情感关系绩效	我与其他团队成员能够自由地交换彼此的意见、感受和希望
		工作之余,我与其他团队成员彼此交往密切
		如果团队中有成员离开,我会感到失落
		在我们团队成员间有情感投资
	认知关系绩效	团队里的大部分成员在工作上能言行一致
		我们能自觉相互帮助,在时间要求内完成工作
		我相信其他团队成员的专业和奉献精神
		团队大部分成员具有高尚的品德
		我相信其他团队成员的工作胜任能力

(3)"成长绩效"维度的测量题项。团队成长绩效反映的是团队未来的

发展潜力，是团队及成员在目标完成过程中，通过学习获得的各方面能力增长，包括三个层面：自动能力、知识和技能以及心理资本。

团队习得的互动能力在团队绩效已有文献中涉及较多，国外测量量表研究包括 Hackman（1983）研究中"团队成员相互合作能力"的相关题项、Nalder（1990）研究中"团队协作能力"的相关题项、Kennech（1994）对团队可持续性（Viability）的描述等。国内学者（俞明理，2003；谢娟，2008；白明垠，2013）对团队互动能力提升的测量往往借助团队成员间未来合作意愿加以描述，对应题项为"我乐意与本团队成员继续合作下去"。本书认为互动能力本质是成员通过团队经历习得的个体与其他成员沟通和交流等行为层面的改变。从这个角度来看，周边绩效与本书提出的互动关系有非常密切的关系，所以周边绩效的相关测量题目也可以作为衡量互动关系提升的重要来源。综合以上两方面题目，本书设计5个题项来衡量知识型团队互动关系能力的成长，如表1-8所示。

关于团队习得的知识和技能，国外学者普遍将其看成团队对个体知识和技能需求满意度的一个重要方面，其测量量表包括 Hackman（1983）研究中"满足团队成员需要的程度"的相关题项、Nalder（1990）研究中"团队成员的工作满意感"的相关题项等，这两项量表在国内研究中亦被广泛应用。此外，国内学者李翠（2013）专门开发了知识型团队知识和技能提升测量题项，包括"参加团队工作，感觉自己在个人经验和知识上有了提高""参与团队工作，感觉自己在个人专业能力上得到提高"。综合已有题项，本书采用李翠（2013）研究的相关题项来测量知识型团队知识和技能提升，如表1-8所示。

团队习得的心理资本在团队成长研究中一直被忽略，从团队绩效的角度来看，相关测量非常少。但是，作为团队层面的一个成熟变量，单独研究团队心理资本的测量量表非常丰富。本书认为团队心理资本提升反映了团队成员在完成目标过程中，通过成员互动，形成的团队成员在信心、韧性、希望以及自我效能感方面的成长。本书员工心理资本量表主要参考了Luthans（2004）等的积极心理资本问卷（PCQ），我国学者李超平（2008），丁成莉（2009）以及黄斐（2011）编制的本土心理资本问卷。以上这些问卷已经被国内外学者实证研究所证实，有较高的信度和效度。综合以上量表，本书从以下3个子维度描述知识型团队心理资本的增加，具体如表1-8所示。

表1-8 知识型团队成长绩效的测量题项

维度	子维度	题项
成长绩效	互动能力成长	在未来的团队工作中,我会主动地帮助他人
		在未来的团队工作中,我会尽力维持与他人良好的人际关系
		在未来的团队工作中,我会提供有利于他人的信息
		在未来的团队工作中,我乐意与本团队成员继续合作下去
		在未来的团队工作中,当某一做法可能会影响到其他同事时,我会事先告知他们
	知识和技能成长	参加团队工作,感觉自己在个人经验和知识上有了提高
		参与团队工作,感觉自己在个人专业能力上得到了提高
		在未来团队工作中,我相信能够在自己的领域内表现出符合组织要求的行为
	心理资本增加	对于未来团队工作即将要发生的事情,我保持积极乐观的态度
		如果未来团队工作中遭遇挫折与困难,我能很快从中恢复,并继续投入到新的工作中
		在未来团队工作中,当遇到结果无法确定和预期的时候,我能够向往最好的结果

(4) 知识型团队绩效的初始量表。综合以上几部分题目,形成本书关于知识型团队绩效的初始量表。为了减少测量量表题项语言描述不准确所引起的理解歧义和误解,本书还邀请了相关领域研究学者2名以及公司的知识型员工10名对问卷题项进行修订,对其中不太符合汉语表述习惯的项目在措辞上作了少许改动。最后形成的知识型团队绩效题项及对应编码如表1-9所示,该量表由28个题目组成,各变量题项均采用李克特5点量表进行测量,以此衡量样本对于各问题的同意程度,1~5分别代表"完全不同意"到"完全同意"。

表1-9 初始问卷及项目编码

维度	子维度	题项及编号
目标绩效	任务绩效	团队按计划进度完成任务(V1)
		团队在成本预算内完成任务(V2)
		团队产出质量达到了顾客要求标准(V3)
		团队成员目标清晰,工作效率高(V4)

续表

维度	子维度	题项及编号
目标绩效	创新绩效	团队产品有较高的创新水平（V5） 完成团队任务过程中，团队提出的新点子数量较多（V6） 团队解决技术上的难题较快（V7） 团队对变化的适应性很强（V8）
关系绩效	情感关系	我与其他团队成员能够自由地交换彼此的意见、感受和未来的想法（V9） 工作之余，我与其他团队成员彼此交往密切（V10） 如果团队中有成员离开，我会感到失落（V11） 我们团队成员之间有情感投资（V12）
	认知关系	团队里的大部分成员在工作上能言行一致（V13） 我们能自觉地相互帮助，在时间要求内完成工作（V14） 团队里的大部分成员非常专业，并且具有奉献精神地进行工作（V15） 团队大部分成员具有高尚的品德（V16） 我相信其他团队成员的工作胜任能力（V17）
成长绩效	互动能力成长	在未来的团队工作中，我会主动地帮助他人（V18） 在未来的团队工作中，我会尽力维持与他人良好的人际关系（V19） 在未来的团队工作中，我会提供有利于他人的信息（V20） 在未来的团队工作中，我乐意与本团队成员继续合作下去（V21） 在未来的团队工作中，当某一做法可能会影响到其他同事时，我会事先告知他们（V22）
	知识技能成长	参加团队工作，感觉自己在个人经验和知识上有了提高（V23） 参与团队工作，感觉自己在个人专业能力上得到了提高（V24）
	心理资本成长	在未来团队工作中，我相信能够在自己领域内表现出符合组织要求的行为（V25） 对于未来团队工作即将要发生的事情，我保持积极乐观的态度（V26） 如果未来团队工作中遭遇挫折与困难，我能很快从中恢复，并继续投入到新的工作中（V27） 在未来团队工作中，当遇到结果无法确定和预期的时候，我能够向往最好的结果（V28）

1.4.2 量表项目的修订

以"知识型团队绩效初始量表"为基础，本书收集相关数据来揭示并验证知识型团队绩效构念的结构。为了保证足够的数据规模，本书采用了实地调研和网上问卷调查相结合的方式进行收集，一方面联系以往研究的合作单位，由其协助完成企业内部问卷宣传及发放工作；另一方面充分利用自身朋友圈、本校 MBA 以及往届毕业生等校友资源，由他们协助完成其所在单位知识型团队绩效问卷的宣传、发放和收集工作。此外，还委托问卷星和问卷网两个调研平台，要求它们按照指定规则收集一定量的样本数据。最终共计发放问卷 539 份，回收有效问卷 486 份，有效问卷样本涉及的知识型团队所处地域分布于上海、北京、江苏、广东、山东、深圳以及湖南 7 个地区，每个团队由 3~11 人（实际接受调查的人数）组成，平均有 4.81 名成员，标准差为 2.1。团队成立时间 1 年以下 6%、1~4 年 68%，4 年以上 26%。团队类型方面，咨询服务团队 29 支、R&D 团队 31 支、高校科研团队 41 支。团队成员性别方面，男 64%、女 36%。团队成员学历方面，大专及以下 18%、本科 38%、研究生及以上 44%。团队成员年龄 25 岁以下 19%、26~30 岁 45%、31~35 岁 27%、36 以上 9%。

对于有效样本数据，本书采用 SPSS 22.0 进行如下统计分析：①使用知识型团队成员样本数据进行项目通俗性分析；②使用成员样本数据对预试问卷的结构进行探索性分析，建立知识团队绩效的因子结构模型，并对知识型团队绩效各维度进行信度分析；③知识型团队是一个团队层面构念，并且是一个共享构念。本书将对成员样本数据进行聚合（Aggregarion）检验，将个体层次数据处理为团队层次数据，并进行团队层次数据的描述性统计以及因子分析，进一步检验知识型团队绩效是否在个体和团队层面具有结构的一致性。

1.4.3 量表项目的通俗性分析

通俗性分析属于难度分析在非二分法计分的延伸，目的在于评估项目是否出现了地板和天花板效应，它将衡量出被试者在特定题项中反应态度的普通程度。在多级量表中，通俗性的计算方法如下：$p=\dfrac{\overline{X}}{W}$。式中，$\overline{X}$ 为全体被试者在该题项的平均得分，W 为该题项的最高可能得分。按照上述公式，各分量表项目的通俗性结果如表 1-10 所示。数据表明，28 个项目通俗性值在 0.546~0.836，显示本问卷项目分值总体偏高，但各项目通俗性尚可接受，没有出现地板或天花板现象。

表 1-10　通俗性分析

题项	平均值	通俗性分值	题项	平均值	通俗性分值
V1	3.45	0.69	V15	3.37	0.674
V2	3.74	0.748	V16	3.52	0.704
V3	3.86	0.772	V17	3.66	0.732
V4	3.68	0.736	V18	2.91	0.582
V5	3.33	0.666	V19	2.73	0.546
V6	3.23	0.646	V20	4.18	0.836
V7	3.38	0.676	V21	3.06	0.612
V8	3.64	0.728	V22	2.54	0.508
V9	2.93	0.586	V23	3.23	0.646
V10	2.94	0.588	V24	3.44	0.688
V11	3.07	0.614	V25	3.21	0.642
V12	3.64	0.728	V26	3.73	0.746
V13	3.49	0.698	V27	3.79	0.758
V14	3.49	0.698	V28	3.56	0.712

1.4.4　探索性因子分析

（1）个体层面的探索性因子分析。由于本书采用的"知识型团队绩效的测量量表"并非成熟量表，需要对其结构效度进行验证。根据"知识型团队绩效测量量表"收集的相关数据，借助 SPSS 19.0 对 28 个题项完成探索性因子分析，明析知识型团队绩效的结构。首先进行 KMO 值和 Bartlett 球形检验：KMO 值为 0.774（大于 0.7），Bartlett 球形检验卡方值为 921.762，检验显著性水平 p 值为 0，小于 0.001，说明量表中变量的相关程度比较高，可以进行因子分析。其次采用主成分分析法提取因子，应用极大方差法进行旋转，且要求特征值大于 1，旋转后因子载荷矩阵如表 1-11 所示。在 28 个题项中，V11、V14、V16、V20 在各个因子上负载都不高，未超过 0.5，无法归于任何一类因子因此予以删除；V21 在因子 5 上的载荷未超过 0.5，但是在因子 4 上的载荷达到显著性水平，将其归为因子 4，其余 23 个题项在不同因子上负载分布情况与之前的理论假设一致。最终归结得到 7 个因子，累计方差解释达到 71.398%。

表 1-11　旋转后一阶因子载荷矩阵（基于个体层面数据）

题项	因子						
	1	2	3	4	5	6	7
V1	0.775						
V2	0.768						
V3	0.759						
V4	0.750						
V5		0.642					
V6		0.801					
V7		0.615					
V8		0.609					
V9			0.582				
V10			0.788				
V12			0.749				
V13				0.687			
V15				0.597			
V21				0.770			
V17				0.668			
V18					0.607		
V19					0.736		
V22					0.753		
V23						0.728	
V24						0.721	
V25							0.625
V26							0.554
V27							0.738
V28							0.624

根据因子对应题项内容，本书对 7 个因子进行了命名，其中因子 1 为任务绩效，对应 4 个题项，反映的是知识型团队提供知识性服务、产品或者技能对于客户明确知识诉求和预期目标的达成情况。因子 2 为创新绩效，对应 4 个题项，描述了知识型团队在实现目标过程中，有意识地在团队中引入和应用一些比较新的想法、过程、程序等，以及产生的新的、有价值的技术、

创意或者解决方案。因子3命名为情感关系，对应3个题项，描述了衡量知识型团队不同成员互动形成的情感关系强度。因子4命名为认知关系，对应4个题项，衡量知识型团队不同成员互动形成的认知关系强度。因子5命名为互动能力成长，对应3个题项，反映了成员通过团队经历习得的个体与其他成员沟通和交流等行为层面的改变。因子6为知识技能成长，对应2个题项，反映了团队成员通过在完成目标过程中，个人习得的知识和技能水平的提升。因子7为心理资本成长，对应4个题项，反映团队成员通过在完成目标过程中，通过成员互动，形成的团队成员在信心、韧性、希望以及自我效能感方面的成长。

通过第一次因素分析，得出了由7个因素24个条目构成的知识型团队绩效评价列表，根据本书提出的研究假设，知识型团队绩效是一个二阶结构，这7个因子又可以概括为三个维度。因此，在第一次因素分析的基础上，本书对有效调查数据尝试进行高阶的二次因素分析。二次因素分析的步骤如下：首先按照算数平均方法，将第一次分析所得出的7个维度中每一个因素所包含的条目进行数据合并，其次使用SPSS软件进行二次探索性因子分析。在分析之前，先进行KMO值和Bartlett球形检验：KMO值为0.719（大于0.7），Bartlett球形检验卡方值为928.233，检验显著水平p值为0，小于0.001，说明量表中变量的相关程度比较高，可以进行因子分析。在探索性因子分析中，采用主成分分析法，根据Kaiser准则，我们首先抽取了特征值大于1的因素，用正交极大法旋转，以0.40负荷量作为取舍点。分析结果表明特征根大于1的因素有3个，包含了7个维度的24个条目，因子载荷如表1-12所示，其累计可以解释总体变异量达到了72.743%。

表1-12 旋转后二阶因子载荷矩阵（基于个体层面数据）

一阶因子	二阶因子		
	1	2	3
F1	0.639		
F2	0.718		
F3		0.725	
F4		0.658	
F5			0.647
F6			0.609
F7			0.735

综上分析，在个体水平的数据层面上得到的知识型团队绩效结构与本书假设的三维构思结果是相一致的。

（2）团队层面的探索性因子分析。知识型团队绩效是团队层面构念，因此，要探索其结构，除了个体层面数据的因子分析以外，还需要团队层面的探索性因子分析。个体水平的数据聚合到群体水平的数据，需要首先接受数据聚合检验，即判断数据集合是否适合开展群体水平聚合的统计操作。一般而言，根据 James 等关于团队评分者评分一致性的检验要求开展检验，即当 r_{wg} 不小于 0.70 时，表示评分者在该项目上的一致性程度是可以接受的（James, Demaree & Wolf, 1984）。在本书中，我们针对每个团队成员的打分一致性进行检验，结果得到知识型团队绩效的 r_{wg} 值为 0.87，显著地高于 0.70 的界限标准，而达到 0.80 以上的群体为 82.85%，其余也均在 0.70 以上。基于此，我们认为可以将从群体中取得的个体数据进行加总平均处理，从而得到群体层面知识型团队绩效相关数据。同时，根据 Bliese 关于组内一致性（ICC）检验的原理与方法（Bliese, 1998），ICC（1）需大于 0.12 临界点（James, Demaree & Wolf, 1984），而 ICC（2）需大于 0.60 临界点（Bliese, 1998）的数据集聚要求，发现本书中知识型团队绩效的 ICC（1）值为 0.49，ICC（2）值为 0.93，均显著地高于临界标准。综合以上数值，该研究将个体层面数据集聚得到团队层面数据的操作是可行的。

在完成数据聚合后，获得了 101 个知识型团队群体层面的团队绩效不同题项的测量数据。首先进行一阶探索性因子分析：第一，KMO 值和 Bartlett 球形检验：KMO 值为 0.827（大于 0.7），Bartlett 球形检验卡方值为 1043.233，检验显著水平 p 值为 0，小于 0.001，说明量表中变量的相关程度比较高，可以进行因子分析。第二，与上文开展个体水平探索性因子分析过程相仿，同样采用主成分分析法提取因子，使用方差最大化正交转轴，依据 Kaiser 标准，得到了 7 个因子，累计解释变异总量为 72.69%。因子分析结果如表 1-3 所示。

表 1-13 旋转后一阶因子载荷矩阵（基于团队层面数据）

题项	因子						
	1	2	3	4	5	6	7
V1	0.801						
V2	0.772						
V3	0.769						

续表

题项	因子						
	1	2	3	4	5	6	7
V4	0.746						
V5		0.753					
V6		0.813					
V7		0.682					
V8		0.614					
V9			0.602				
V10			0.712				
V12			0.787				
V13				0.712			
V15				0.606			
V21				0.729			
V17				0.614			
V18					0.646		
V19					0.759		
V22					0.783		
V23						0.717	
V24						0.709	
V25							0.609
V26							0.648
V27							0.768
V28							0.586

在第一次因子分析的基础上，仿照个体层面探索性因子分析，本书对群体层面调查数据进行高阶的二次因子分析。KMO值为0.789（大于0.7），Bartlett球形检验卡方值为1056.746，可进行因子分析因素有3个，因子载荷如表1-14所示，其累计可解释总体变异量达到了79.981%。

表 1-14 旋转后二阶因子载荷矩阵（基于团队层面数据）

一阶因子	二阶因子		
	1	2	3
F1	0.693		
F2	0.784		
F3		0.751	
F4		0.784	
F5			0.627
F6			0.619
F7			0.794

1.4.5 验证性因子分析

（1）个体层面的验证性因子分析。以个体层面的486份数据为基础，用AMOS 21.0进行一阶和二阶验证性因子分析，结果如图1-2和图1-3所示，一阶验证性因子分析模型的拟合指数为 $\chi^2/df=1.161$，小于一般认定的临界值3；RMSEA=0.048，低于0.08的临界要求；GFI=0.925，NFI=0.936，CFI=0.975，均大于0.9的最低水平，表明测量模型拟合良好。因此，一阶"知识型团队绩效"测量模型包括任务绩效、创新绩效、心理资本成长、认知信任、情感信任、互动能力成长以及知识技能成长7个影响因子。

个体层面的二阶验证性因子分析模型如图1-3所示，模型的拟合指数为 $\chi^2/df=1.161$，小于一般认定的临界值3；RMSEA=0.048，低于0.08的临界要求；GFI=0.925，NFI=0.936，CFI=0.975，均大于0.9的最低水平，表明测量模型拟合良好。由模型可见，个体层面的任务绩效、创新绩效、心理资本成长、认知信任、情感信任、互动能力成长以及知识技能成长7个一阶因子聚合成为3个二阶因子，分别为"目标绩效""关系绩效"和"成长绩效"。因此，"知识型团队绩效"测量的二阶因子模型包括目标绩效、关系绩效和成长绩效三个维度。

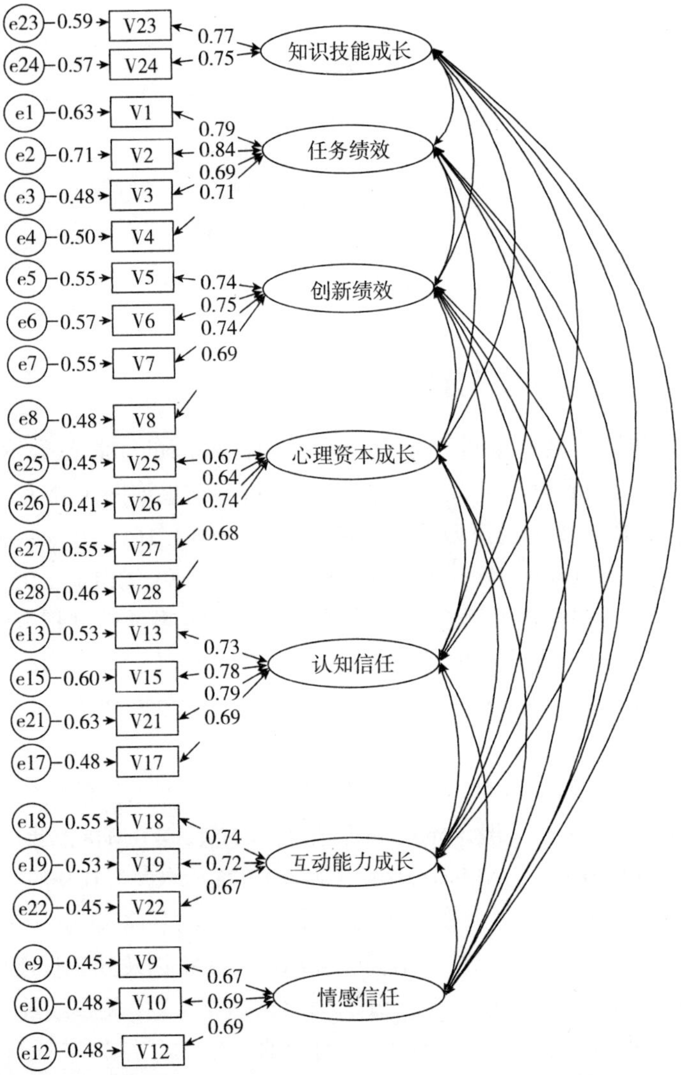

图 1-2 个体层面"知识型团队绩效测量模型"的一阶验证性因子分析

1 理论探索：知识型团队绩效的内涵与测量

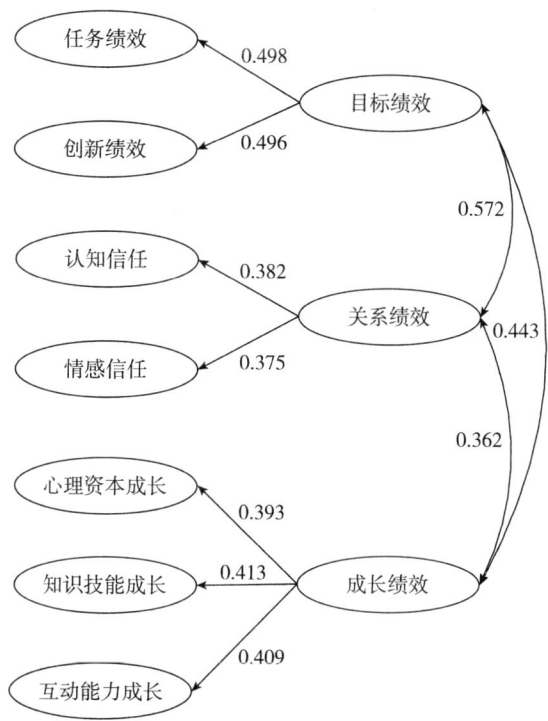

图1-3 个体层面"知识型团队绩效测量模型"的二阶验证性因子分析

（2）团队层面验证性因子分析。以聚合得到的团队层面的101份数据为基础，用AMOS 21.0进行一阶和二阶验证性因子分析，结果如图1-4所示，模型的拟合指数为$\chi^2/df=1.148$，小于一般认定的临界值3；RMSEA=0.026，低于0.08的临界要求；GFI=0.977，NFI=0.979，CFI=0.980，均大于0.9的最低水平，表明测量模型拟合良好。与个体层面的测量模型一致，团队层面的一阶"知识型团队绩效"测量模型包括7个因子，分别对应任务绩效、创新绩效、心理资本成长、认知信任、情感信任、互动能力成长以及知识技能成长。

团队层面的二阶验证性因子分析模型如图1-5所示，模型的拟合指数为$\chi^2/df=1.119$，小于一般认定的临界值3；RMSEA=0.023，低于0.08的临界要求；GFI=0.982，NFI=0.936，CFI=0.975，均大于0.9的最低水平，表明测量模型拟合良好。由模型可见，团队层面的任务绩效、创新绩效、心理资本成长、认知信任、情感信任、互动能力成长以及知识技能成长7个一阶因子聚合成为3个二阶因子，分别为"目标绩效""关系绩效"和"成长绩效"。

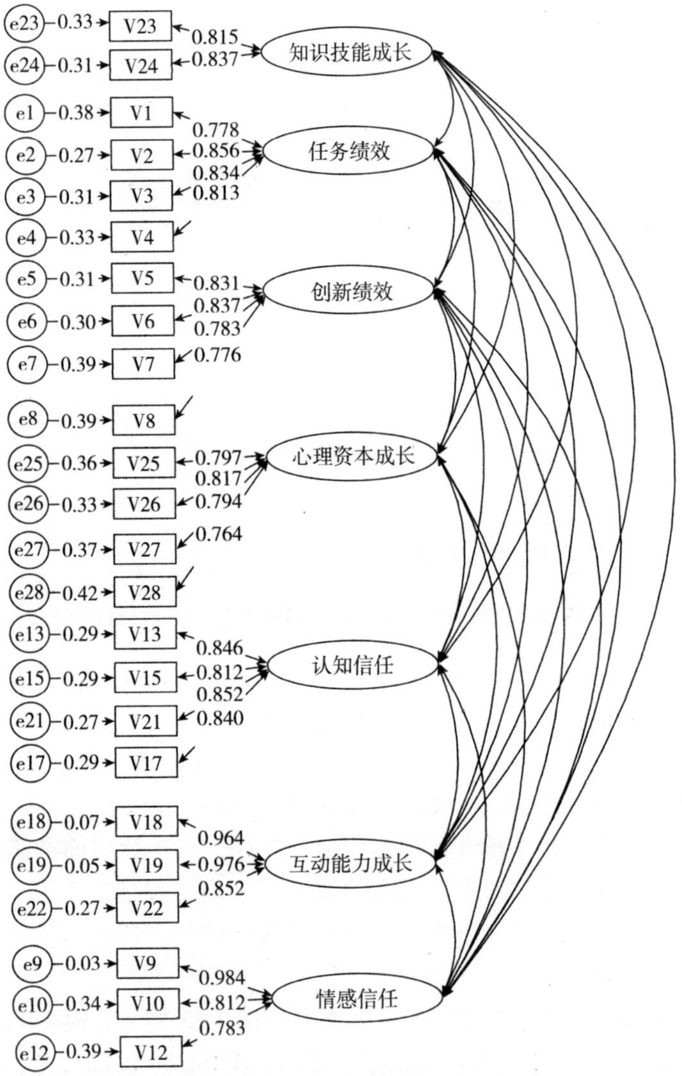

图 1-4　团队层面"知识型团队绩效测量模型"的一阶验证性因子分析

1 理论探索：知识型团队绩效的内涵与测量

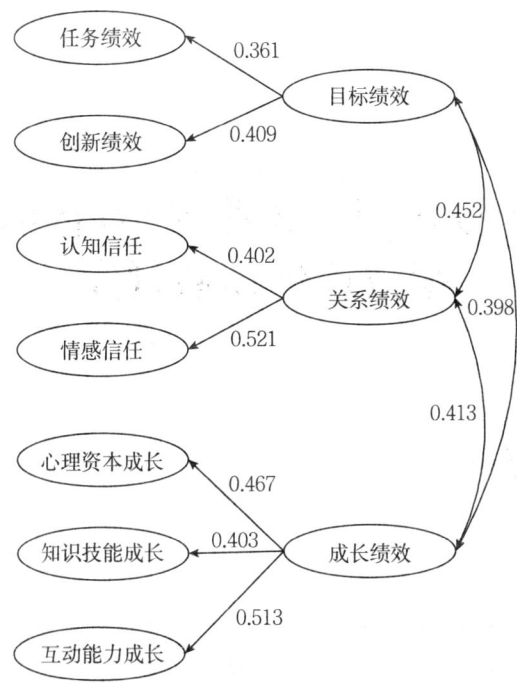

图 1-5 团队层面"知识型团队绩效测量模型"的二阶验证性因子分析

1.4.6 信度分析

分别对个体层面和群体层面数据进行信度检验，结果如表 1-15 所示，各项因子对应题项的内部一致性 α 系数以及该量表整体的内部一致性 α 系数（克朗巴哈系数）均高于 0.7，表明量表具有较高的稳定性和可信度。

表 1-15 信度分析

	因子	克朗巴哈系数			因子	克朗巴哈系数	
个体层面信度分析	F1	0.749	0.823	群体层面信度分析	F1	0.819	0.873
	F2	0.819			F2	0.825	
	F3	0.738			F3	0.794	
	F4	0.832			F4	0.816	
	F5	0.814			F5	0.914	
	F6	0.886			F6	0.841	
	F7	0.798			F7	0.803	

2

场景应用：企业 R&D 团队绩效评价体系研究

2.1 问题提出

近 20 年来，科学技术的急速变革深入地影响着社会生活的方方面面，其中，对于作为经济发展主要推动力量的企业而言这种影响尤为突出。企业面临的内外部环境更加复杂多变：全球化竞争日趋激烈，科技迅猛发展，政府政策变幻不定，信息大爆炸，消费者需求的个性化和差异化增强。为了实现可持续发展，现代企业必须更多地依靠新产品、新技术的研发来获得竞争优势。同时，现代科技的研发活动是在更大范围和更高层次上的集成和探索，而且专业化分工的不断深化也使得多个领域专家的通力合作成为必要。因此，研发团队成为现代企业研发活动的主要组织形式。

随着研发团队在企业中的广泛应用，它在企业中扮演着越来越重要的角色，其绩效水平的高低直接影响着组织的整体绩效。研发团队的绩效受到多方面因素的影响，绩效评价是其中最重要的影响因素之一。一个好的评价体系不仅能客观、公平地反映团队工作的状况、效果和效率，而且能对研发团队的工作过程起一定的指导作用，从而保证研发项目的顺利完成。因此，研发团队的绩效评价成为企业绩效管理活动的重点。然而，如何准确地评价研发团队及其成员的绩效却成了很多企业难以解决的问题。一方面，研发团队的绩效评价不同于传统部门的绩效评价：它不仅要考核团队整体的绩效，以保证团队作为一个整体的目标能够实现，也不能忽略团队成员的个人贡献，避免"搭便车"现象的出现；另一方面，研发团队作为一种全新的组织形式，其与一般团队相比有自身的特点，它从事的多是技术创新工作，工作过程难以监控、工作成果不易测量，团队成员具有很强的独立自主性、忠于自己的专业胜于企业、流动率高,且对公平的感受格外敏感和重视。因此,一般团队的绩效评价不一定适合现代企业研发团队,这也使得研发团队绩效考核成为企业绩效管理的一个难点。

由于缺乏理论指导,现在很多企业仍然采用传统的方法对研发团队进行评价,这使得企业无法准确了解研发团队的工作状态,降低了研发效率,企业投入了大量资金却得不到回报,最终面临被市场淘汰的局面。所以,通过本书的研究,建立一套适合企业研发团队的绩效评价体系,运用科学的方法对其绩效进行评价分析,为企业研发团队绩效评价理论和企业的管理实际提供可靠的参考。

2.2 相关概念界定

2.2.1 研发

研发是研究与试验发展(research and development)的简称。由于创新任务时间跨度、不确定程度、商业目的的明确性以及依据特定的任务环境的不同,研发细分为基础研究、应用研究和试验发展。

基础研究:指为了获得关于现象和可观察事实基本原理的新知识(揭示客观事物的本质、运动规律,获得新发展、新学说)而进行的实验性或理论性研究,它不以任何专门或特定的应用或使用为目的。

应用研究:指为了确定基础研究成果可能的用途,或为达到预定的目标探索应采取的新方法或新途径而进行的创造性研究。应用研究主要针对某一特定的目的或目标。

试验发展:指利用从基础研究、应用研究和实际经验所获得的现有知识,为产生新的产品、材料和装置,建立新的工艺、系统和服务,以及对已产生和建立的上述各项作实质性的改进而进行的系统性工作。

2.2.2 研发团队

团队是由两个或两个以上的人组成,通过彼此之间的相互影响、相互作用,在行为上有共同规范的一种介于组织与个人之间的组织形态。他们为了共同的目标走到一起,承诺共同的规范,分担责任和义务,为实现共同目标而一起努力。团队有四个重要特征:相互依赖和协调、角色定位与责任分担、自我管理和授权、信息沟通与知识共享。

与一般团队相比，研发团队还具有自身的特点：①成员知识水平高。研发团队成员在企业中是一群知识层次较高的人士，没有扎实的专业知识必然在技术上有所欠缺，不能为企业创造利润，具备专业知识是从事研究开发工作和完成团队研发任务的基础。②工作技术含量高。具备专业技术是研发团队成员工作的起点，团队成员不具备互补的专业技术将不能高效地完成任务、开发出新产品。③团队学习能力强。知识经济时代，科学技术发展速度加快，这要求研发团队成员具有较强的学习能力，能快速掌握新技术，学习新知识，跟上知识、技术革新的速度并将他们运用于新产品研发中。④团队创新能力强。企业的生存与发展来自不断的创新，一个高效的研发团队具有很强的创新能力，能创造出新产品或服务，给企业带来价值。

具体来说，目前存在着三种研发团队，分别是企业研发团队、高校科研团队和政府主持的研发机构。这三种研发团队无论是工作重点、人员组成、功能定位，还是资金来源都存在很大不同。

(1) 各种团队的工作重点存在很大区别。一般而言，企业研发团队把大部分精力投入到产品开发中，而应用研究和基础研究相对较少；高校科研团队则以基础研究为主，涉及应用研究和开发工作较少；而政府主持的研发机构则居于这两者之间。

(2) 每一种研发团队都有其存在的使命，有着不同的功能定位。企业研发团队是企业根据战略发展需要而制定的新产品开发以及其他研发计划的执行者，作为企业的一分子，其必然承担着为企业谋取利润的重要任务，所以他们将绝大部分精力投入到应用研究和开发，很少涉及基础研究，其资金来源主要是企业从利润中抽取一定的比例，也有一小部分是将未商品化的技术转让所得。对于政府支持的研发机构，其存在的使命是为整个国家或地区的发展提供科学技术上的支持，其资金来源主要靠政府的支持和科学技术的转让费。高校科研团队的成立很多是在高校的学科建设中自然形成的，也有的是在参加社会招标过程中形成的，他们有着自身的功能定位，大部分是为了解决基础研究中的重大科技难题，其资金来源主要是申报国家科研基金、参加公开招标以及与其他研发机构合作等。

(3) 在人员组成上，企业研发团队主要包括应用研究人员和开发研究人员。应用研究人员的主要职能在于探索基础研究中所获成果在实际应用中的可能性，一般是针对某些要解决的特定问题进行研究。而开发研究人员的主要职能是在运用基础研究和应用研究成果的基础上所进行的发展新系统、新产品、新材料、新工艺、新结构等研究活动。高校科研团队则常常以一种非常优秀的学科梯队形式出现,从学科带头人、教授、副教授到博士、硕士等,是一种较标准的由管理者、研究者和工匠组成的研发团队。

综上,企业研发团队是一个特殊的群体,它根据企业的研发工作需要,由来自相同或相近专业领域中的各类技能人员组建而成。为了有效完成企业交付的研发任务,具备高水准、多样化,配置合理的知识与智能结构的组织形式。企业研发团队成员技能互补,致力于共同的绩效目标,共同承担使命,形成统一的行事方针和方法,本书中主要是指企业的附属研发机构,包括技术中心、研究所、研发中心等。

2.2.3 研发团队绩效

对于绩效存在多种解释。有的专家认为绩效是完成工作的效率和效能;有的专家认为绩效是员工的工作结果,是对企业目标达成具有效益、具有贡献的部分;也有专家认为绩效是个人知识、技能、能力的一切综合因素通过工作而转化成为可量化的贡献,包括有形和无形两部分。本书中所讲的"绩效"包括两个方面:一方面指工作结果,相当于通常所说的业绩,如工作的效率、工作产生的效益、获得的利润等;另一方面指影响工作结果产生的行为、技能、能力和素质等。因此绩效既包括静态的结果内容,也包括动态的过程内容,两者相辅相成,结果是工作的最终目标,过程则影响和控制目标的实现。

关于研发团队的绩效,本书借鉴克里斯的观点,认为主要表现在三个层面:战略性的绩效、功能性的绩效和行为性的绩效。战略性的绩效在最高的层面上。研发团队的成功关键在于产品的成功。一个成功的新产品或者创新需要满足三个基本的战略要求:第一,它必须满足顾客模糊的或不断增长的需求和期望;第二,它必须创造一个新的市场空间;第三,它必须提供一个超级的价值回报。功能性绩效的度量主要有四种:技术、市场、财务和流程。每一种功能性绩效的实际焦点都具有完整的项目依赖性。典型的技术功能目标可能包括某一产品可靠性的度量,如首次故障平均时间的市场度量可能包括顾客满意度指数,财务度量可能包括项目投资总收益。流程度量可能包括加班时间的生产率。在公共领域,还要考虑的其他功能性问题有:社会可能接受能力、健康与安全、环境等。行为性绩效是研发团队实现战略和功能绩效所具有的行为模式。这些行为决定了研发团队的工作方式、沟通与合作，与工作任务息息相关。

2.2.4 绩效评价体系

对于绩效评价的理解，学术界观点比较一致，都是把绩效评价作为绩效管理中的一个环节来看待。绩效管理是一个完整的系统，它具体包含了四个环节：绩效计划、绩效辅导、绩效评价和绩效反馈。绩效评价是在绩效计划、绩效辅导后的第三个环节，具体而言，绩效评价是通过对照工作的目标或绩效标准，采用科学的评估方法，评估员工个人和组织的工作任务完成情况、员工和组织的工作职责履行程度、员工个人的发展情况、组织的运转效率等，并将评估结果反馈给员工与组织的过程。

一个完整的绩效评价体系大致包括以下内容：确定绩效目标，确定评价标准，选择评价方法，收集评价有关信息，评定评价结果，对评价结果的反馈与应用。

（1）确定绩效目标。在绩效评价的初期，首先，要确定绩效目标。在设定绩效目标时，通常的做法是根据上一级部门的目标并围绕本部门的目标，围绕本部门的业务重点和KPI，制定本部门的工作计划，以保证本部门向着公司的总体目标进展。其次，管理者根据下属职位应负责任或KPI，将部门目标层层分解到具体责任人。因此，绩效目标大致有两种：①来源于公司的战略目标或部门目标，体现出对公司或部门绩效的支撑。②来源于岗位职责。

（2）确定绩效评价指标和标准。设定了绩效目标以后，要确定评价绩效目标达成的指标和标准。这里涉及组织对绩效的理解，正如上文所提到的，对绩效的理解有不同的观点，而这些不同的观点导致绩效评价指标有所不同。强调绩效为结果的组织在设定绩效评价指标时往往考虑更多结果性指标，如销售利润率、市场占有率、员工出勤率等，而强调绩效为行为的组织在设定绩效评价指标时往往考虑更多行为性指标，如部门间的配合程度、员工合作度等，而强调绩效为能力的组织在设定绩效评价指标时更多地考虑员工技能的提升等因素。

在明确绩效评价指标后，下一步的工作是要明确各指标的评价标准，具体包括各指标的评价标准可能分几级，每级给予多少分值等内容。

（3）设计绩效评价方式。确定了绩效目标和评价标准以后，要选择相应的绩效评价方式。绩效评价方式包括选择什么样的评价主体，采取什么样的评价方式和如何确定评价周期三方面内容。

评价主体一般有以下几种：直接上级、同级同事、员工本人、直接下级、360度以及由这些模式衍生出来的其他模式。直接上级作为评价主体的优点是直接上级对下属的工作非常了解，评价结果比较细致和准确，但其缺点是评价者和被评价者日常接触频繁，在评价过程中可能会掺杂个人感情色彩，犯晕轮效应、近因效应等错误，从而影响评价的信度。同级同事作为评价主体的优点是有助于组织了解到其他形式的考评所不能提供的情况，但由于员工对他人的评价可能会影响到自身评价结果的排序，把握不好的话容易失之过严。自我评价员工的抵触情绪少，有利于上级深入了解员工的具体情况，但往往不客观，会出现自夸现象，容易失之过宽。直接下级评价有助于被评价者的上级了解其无法了解到的信息，但这种评价模式会对上级的管理工作造成难度。360度评价及其延伸是指由被评价者的相关人员，包括直接上级、直接下级、工作中密切接触的同级同事、被评价者本人、外部客户、供应商等对其业绩进行评价。它与传统的自上而下的评价方式相比其信息来源具有多样性，然而相对于其他方式，需要投入更多的人力共同完成。

绩效评价方法有多种，总的来说可以划分为三大类：①相对评价法，相对评价法包括序列比较法、对偶比较法和强制分布法。②绝对评价法，绝对评价法包括图尺度评价法、行为锚定法和目标管理法。③关键事件法，关键事件法包括不良事故考核法、关键事件清单法和行为定级评级法。各种评价方法有各自的优缺点，其具体操作也各有不同。

绩效评价周期的确定并没有唯一的标准，典型的评价周期是月、季、半年或一年，也可在一项特殊任务或项目完成之后进行。确定评价周期最为常见的有两种方式：①按照评价对象的层级来确定。评价对象职位层次高，工作复杂程度高，其相应的绩效反映周期就越长；反之，职务层次低，工作要求相对简单，其绩效反映周期就短。②按照业绩反映期长短划分。根据企业的实际情况也可以设定以业绩评价为本的评价周期。比如，在实行目标管理的企业，以实现组织阶段性目标的周期作为评价周期，根据实际情况，可以是一年或更长，也可以是半年或者每季每月进行评价。对于实行承包制的企业，则可以将整个承包期作为评价的周期，也可将承包期划分为若干阶段作为评价区间。

（4）收集绩效评价相关信息进行评价。在明确了绩效指标、评价标准、评价主体、评价周期等因素后，开始进行相关数据的搜集。绩效评价是一项长期、复杂的工作，对于数据收集工作要求很高。应注意经常性的长期跟踪，随时收集相关信息，使数据资料收集工作形成一种制度。将绩效评价中收集的数据资料与平时收集的数据资料结合起来，从而能更准确、客观地评价一个人的工作业绩。

（5）绩效评价结果的反馈与应用。得到评价结果并不意味着绩效评价工作的结束。在该过程中获得的大量信息可以运用到企业各项管理活动中。具体包括以下用途：①能够提供对组织人力资源优势和劣势的剖析，从而支持组织的人力资源规划工作。②有助于人员的招聘和工作选择。③可运用于员工职业发展规划的制定过程和培训开发过程。④绩效评价所提供的信息是组织提供报酬的基础。⑤绩效评价的最高目标是提高员工的业绩。通过对工作绩效的审查强化员工那些已有的正确行为，克服在评价中揭示出来的低效率行为。

2.3　理论模型及量表编制

2.3.1　理论模型的提出

根据研发团队绩效评价问题的国内外研究理论，以及国内外对企业研发团队评价问题的研究现状，本书在此基础上提出了影响我国企业研发团队绩效的因素，从产品绩效、项目绩效和人员绩效三个方面来综合评价企业研发团队的绩效。基于每个评价维度的考评都不能用定量的指标评价，本书进一步设计了每个层面的具体评价维度。

对于产品绩效层面的评价，本书主要从以下三维度进行：产品研发、产品获利和客户满意度。项目绩效的评价主要从以下三个维度进行：时间控制、成本控制和风险控制。人员绩效的评价也是从三个维度进行：成员能力提升、团队技能提升和团队协作。

综上可得，我国企业研发团队绩效评价体系的理论模型如图2-1所示。

本模型从三个维度（产品绩效、项目绩效、人员绩效）对研发团队绩效进行评价。这三个评价维度与前文中克里斯的研发团队绩效评价的三个层面相互呼应（见图2-2）。

产品绩效对应战略性绩效在最高的层面上。企业中研发团队成立的目的在于开发新产品或服务，或是对现有的产品或服务进行改进，因此，我们认为研发团队的成功关键在于产品的成功。而衡量产品成功的指标包括

2 场景应用：企业 R&D 团队绩效评价体系研究

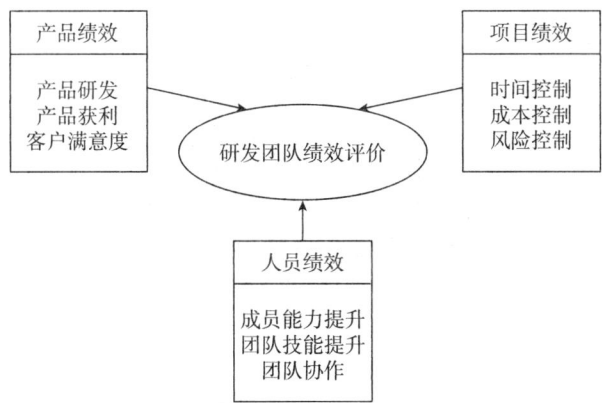

图 2-1　企业研发团队绩效评价体系的理论模型

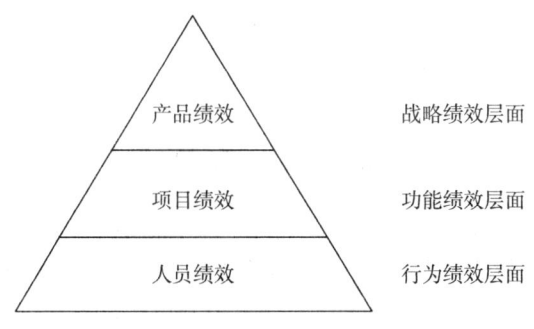

图 2-2　企业研发团队绩效

产品研发情况、产品获利情况以及客户满意度。研发团队在运行过程中，还必须关注一些功能性的指标，表现为项目的绩效，比如研发团队的时间控制、成本控制、风险控制。要实现战略的和功能的绩效，研发团队必须具有相应的行为模式，这些行为决定了研发团队的工作、沟通与合作方式，与工作任务息息相关。这些行为很多都表现在团队过程中，还有一些则会表现为团队的输出结果。这种输出结果会表现为团队人员的绩效，包括成员能力提升、团队技能提升、团队协作。

2.3.2　评价量表编制思路

根据本书所发展的概念模型，其用于验证性分析的正式问卷应包括产品绩效、项目绩效、人员绩效三部分量表。学术上，一份量表的建立必须依据科学严谨的步骤，否则将无法为研究者提供精确的衡量工具。因此，本书将问卷编制程序用图 2-3 表示。

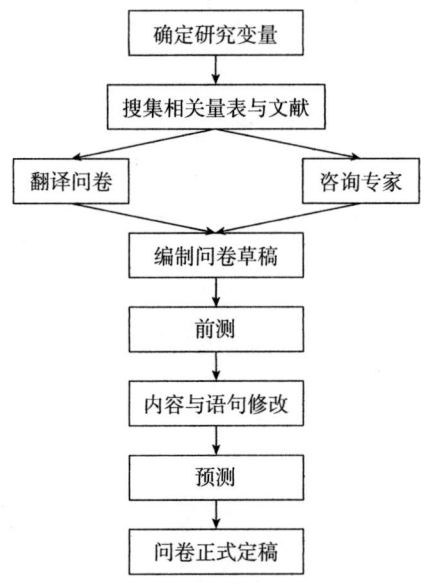

图 2-3　问卷编制程序

  本书所使用的问卷量表是在参考大量文献研究成果、企业访谈结果以及国内外一些较为成功的问卷量表设计形式的基础上逐步形成的。首先，通过检索查阅关于研发、研发团队、研发团队绩效以及绩效评价等方面的研究文献，将相关文献已论证的评价指标、构成要素与维度等进行归纳，吸收了与本书有关的知识，形成初步调查思路。其次，参考专家和相关人员的意见。本书的指标体系参考了我国著名管理学博士顾琴轩和资深人力资源专家徐芳指出的绩效指标设计思路，参考了国外专家 Bruce H. Clark 的观点，以及优秀期刊论文中前人的成果。根据研发人员自身的目标和特点，通过实际的与企业中研发人员交谈，加入了自己的观点，建立了一套指标体系。再次，将初步指标体系以电子邮件的形式发给西安科技大学多位教授、副教授以及清华大学林健博士、桂林电子科技大学蔡翔博士、山东冶金设计院人力资源部部长倪友胜先生、莱钢集团自动化部若干参研人员，以征求各位专家和相关研究人员的意见，根据建议进行修改，形成了修改后的调查问卷。最后，对修改后的问卷量表进行预测试，以验证问卷量表中指标设置和问卷表述的合理性。根据被测试者的反馈和建议，对一些测度题项的表述方式和语言进行修改，在此基础上形成最终调查问卷。

2.3.3 初始量表内容

根据上面的研究思路初步得到三部分量表如表 2-1 所示。

表 2-1 初始测量量表

维度	测量题项
产品绩效	（1）产品技术评审合格情况 （2）产品性能提高程度如何 （3）申请专利的数量 （4）发表学术论文的数量和质量 （5）研发产品的上市速度 （6）研发产品的市场份额情况 （7）研发产品销售收入的情况 （8）顾客对产品的总体评价情况 （9）顾客对产品的投诉情况
功能绩效	（1）工作进度的实施情况 （2）产品研发耗时情况 （3）项目的工作效率 （4）项目费用的安排情况 （5）项目的投入产出情况 （6）项目创新的专利保护申请情况 （7）项目投资的管理情况
人员绩效	（1）成员规章制度的遵守情况 （2）工作中成员能力的提高程度 （3）解决问题效率的提高程度 （4）团队整体能力的提升 （5）未来团队工作能力的潜力 （6）获取资源的速度 （7）获取资源的质量 （8）协调工作的效率 （9）外界对团队的评价

2.3.4 预试

在三个维度的量表题项设计完成之后，把所有的三份量表初稿合在一起编制成问卷的初稿。问卷包括三个部分：第一部分是问卷介绍和有关说明；第二部分是填写者的基本资料；第三部分为本书的三份量表初稿。

在正式发放问卷之前，邀请了五位具有代表性的试测者进行前测，其中包括三位研发部门主管、两位基层研发设计人员，主要了解被测者对题项的理解是否与本书所要表达的意思相一致，以及检查问卷中的语义和语句是否存在错误。检查无误后确定该问卷为问卷初稿，之后进行问卷预试工作。预试的对象为了和研究的范围保持一致，故选择了中信西研所、西北有色金属设计院、西北勘测设计院、山东冶金设计院和莱钢集团自动化部，它们都属于研发机构，具有一定的代表性。预试问卷共计发放了195份，回收168份，回收率86.2%，其中有4份填写不完整，一份是空白页，实际回收有效问卷163份，有效回收率83.6%，问卷预试对象的具体情况如表2-2所示。

表2-2 调查样本统计

统计量	项目	人数	比例（%）
性别	男	96	58.9
	女	67	41.1
年龄	30岁以下	78	28.1
	31~40岁	154	55.4
	41~50岁	39	14
	50岁以上	7	2.5
学历	大专及以下	21	12.9
	本科	107	65.6
	硕士及以上	35	21
团队规模	5人以下	53	32.52
	5~10人	65	39.88
	10人以上	45	27.61

2.3.5 因子分析与信度分析

预试问卷回收后必须经过科学的统计分析才能形成正式问卷。本书的分析工具是统计软件包SPSS 11.5，运行环境是Windows XP操作系统。

因子分析的目的是将数目众多的变量精简为几个较少的变量，使研者能够用最少的因素在最大程度上代表所有的观察变量,且不失科学性。同时,也在因子数目与可解释变量(Explained Variance)之间求得平衡。研究上一般采用主成分分析法(Principal Component Analysis),通过最大变异数(Varimax)正交旋转(Construct Validity)。在因子分析之后,还需要进行信度分析以确保量表的内部一致性。在这两个过程中,都有可能要删除某些不佳的题项,而删除题项后因子结构也会随之改变,需要重新做因子分析。这样的反复有可能多次出现,因此,这里将因子分析与信度分析放在一起讨论,直到因子结构稳定为止。

在进行相关矩阵检验时采取 KMO(Kaiser-Meyer-Olkin Measure of Sampling Adequacy)和巴特莱特球形检验法(Bartlett Test of Sphericity);在提取初始因子时采用主成分分析法(Principal Components),因子提取的原则为特征值大于 1;在进行因子旋转时,采用方差最大旋转法。

(1)产品绩效评价题项因子分析与信度分析。数据录入后,运用 SPSS 11.5 进行统计分析,KMO 样本测度的结果为 KMO 值等于 0.859,大于 0.7;巴特莱特球形检验的输出结果为 0.000,小于 0.001,表明数据适合做因子分析。本书主要采用主成分分析法进行因子提取,方差最大正交旋转法进行因子转置,选取特征值大于 1 的因子,删除两个或两个以上公因子中的因子载荷都大于 0.5 的指标,舍弃全部公因子载荷都小于 0.5 的指标,分析结果如表 2-3 所示。

表 2-3 产品绩效评价的因子负荷矩阵(1)

题项	因子		
	1	2	3
A2	0.702		
A1	0.691		
A5	0.680		
A3	0.416	0.197	0.257
A4	0.387	0.271	0.343
A7		0.842	
A6		0.766	
A8			0.782
A9			0.757

本书用最大变异系数正交旋转法对数据进行因子分析后发现，A3、A4是全部公因子中因子载荷都小于 0.5 的指标，说明这两个指标不能归为某个因子，因此，本书决定予以删除。在删除了 A3、A4 指标后，本书利用 SPSS 11.5 统计软件对其余的变量指标再次进行因子分析，其 KMO 统计量值等于 0.845，大于 0.6；巴特莱特球形检验的输出结果为 0.000，小于 0.001，这说明很适合进行因子分析和主成分分析。在删除了 A3、A4 指标后，新的因子旋转载荷矩阵和各公因子的信度系数 α 值如表 2-4 所示。

表 2-4　产品绩效评价的因子负荷矩阵（2）

变量	测量指标	因子载荷			α 值
产品研发	A2	0.708			0.8337
	A1	0.692			
	A5	0.684			
产品获利	A7		0.816		0.7653
	A6		0.803		
客户满意度	A8			0.775	0.7099
	A9			0.758	

从表 2-4 中可以看出，在进行两次因子分析之后，得到三个因子，逐一检查因子负荷后发现，每一个衡量指标均落在因子变量内，且每个指标项只在一个因子上的载荷超过 0.5，未发现不合适题项，结构趋于稳定，因此，可以作为衡量个人能力的最终量表，并对得到的三个因子构面分别命名。构面一为产品研发包括产品技术评审情况、产品性能提高程度和研发产品的上市速度。构面二为产品获利包括研发产品销售收入和研发产品的市场份额。构面三为客户满意度包括顾客的总体评价和顾客对产品的投诉。同时，第二次因子分析提取出的三个因子信度系数 α 值均大于 0.7，符合研究的要求，可以进行进一步分析。

（2）项目绩效评价题项因子分析与信度分析。数据录入后，运用 SPSS 11.5 进行统计分析，KMO 样本测度的结果为 KMO 值等于 0.721，大于 0.6；巴特莱特球形检验的输出结果为 0.000，小于 0.001，表明数据适合做因子分析。

采用主成分分析法进行因子提取，方差最大正交旋转法进行因子转置，选取特征值大于 1 的因子，删除两个或两个以上公因子中的因子载荷都大于

0.5 的指标，舍弃全部公因子载荷都小于 0.5 的指标，分析结果如表 2-5 所示。

表 2-5 项目绩效评价题的因子负荷矩阵

题项	因子		
	1	2	3
B3	0.702		
B1	0.691		
B2	0.680		
B7		0.782	
B6		0.778	
B4			0.758
B5			0.595

本书用最大变异系数正交旋转法对数据进行因子分析后发现，全部公因子中因子载荷都大于 0.5，所以不需要对指标进行删减。因子旋转载荷矩阵和各公因子的信度系数 α 值如表 2-6 所示。

表 2-6 项目绩效各指标信度矩阵

变量	测量指标	α 值
时间控制	B3	0.8301
	B1	
	B2	
成本控制	B7	0.7345
	B6	
风险控制	B4	0.8009
	B5	

从表 2-6 中可以看出，在进行因子分析之后，得到三个因子，逐一检查因子负荷，每一个衡量指标均落在因子变量内，且每个指标项只在一个因子上的载荷超过 0.5，未发现不合适题项，结构趋于稳定，因此，可以作为衡量个人能力的最终量表，并对得到的三个因子构面分别命名。构面一为时间控制包括工作进度实施、产品研发耗时和项目工作效率。构面二为

成本控制包括项目费用安排和项目投入产出。构面三为风险控制包括项目创新的专利保护申请和项目的投资管理。同时，因子分析提取出的三个因子信度系数 α 值均大于 0.7，符合研究的要求，说明可以进行进一步分析。

（3）人员绩效评价题项因子分析与信度分析。数据录入后，运用 SPSS 11.5 进行统计分析，KMO 样本测度的结果为 KMO 值等于 0.756，大于 0.7；巴特莱特形体检验的输出结果为 0.000，小于 0.001，表明数据适合做因子分析。采用主成分分析法进行因子提取，方差最大正交旋转法进行因子转置，选取特征值大于 1 的因子，删除两个或两个以上公因子中的因子载荷都大于 0.5 的指标，舍弃全部公因子载荷都小于 0.5 的指标，分析结果如表 2-7 所示。

表 2-7　人员绩效评价旋转后因子负荷矩阵（1）

题项	因子		
	1	2	3
C7	0.852		
C6	0.794		
C8	0.671		
C9	0.316	0.257	0.107
C2		0.865	
C1		0.842	
C3	0.401	0.347	0.201
C4			0.937
C5			0.773

本书用最大变异系数正交旋转法对数据进行因子分析后发现，C3、C9 是全部公因子中因子载荷都小于 0.5 的指标，说明这个指标不能归为某个因子，因此，本书决定予以删除。在删除了 C3、C9 指标后，本书利用 SPSS 11.5 统计软件对其余的变量指标再次进行因子分析，其 KMO 统计量值等于 0.845，大于 0.6；巴特莱特球形检验的输出结果为 0.000，小于 0.001，这说明很适合进行因子分析和主成分分析。新的因子旋转载荷矩阵和各公因子的信度系数 α 值如表 2-8 所示。

2 场景应用：企业R&D团队绩效评价体系研究

表2-8 人员绩效评价旋转后因子负荷矩阵（2）

变量	测量指标	因子载荷	α值 1	α值 2	α值 3
团队协作	C7	0.826			0.8191
	C6	0.811			
	C8	0.751			
成员能力提升	C2		0.795		0.7972
	C1		0.731		
团队技能提升	C4			0.839	0.7233
	C5			0.768	

从表2-8中可以看出，在进行两次因子分析之后，得到三个因子，逐一检查因子负荷，每一个衡量指标均落在因子变量内，且每个指标项只在一个因子上的载荷超过0.5，未发现不合适题项，结构趋于稳定，因此，可以作为衡量个人能力的最终量表，并对得到的三个因子构面分别命名。构面一为团队协作，包括团队整体能力的提升、未来团队工作能力的潜力。构面二为成员能力提升，包括获取资源的速度、获取资源的质量和协调工作的效率。构面三为团队技能提升，包括成员规章制度的遵守和工作中成员能力的提高。同时，第二次因子分析提取出的三个因子信度系数α值均大于0.7，符合研究的要求，可以进行进一步分析。

2.3.6 正式问卷

通过前面的研究分析，可以从研发团队的产品研发、项目研发、人员研发三个层面得到企业研发团队绩效评价的正式量表。量表的设计过程科学严谨，效果比较理想。本书在预试问卷的基础上，结合科学的统计分析形成正式问卷。

正式问卷在预试问卷发放的范围之外，还选择了西安重型机械研究所、西安电力电子技术研究所和西安热工研究所的研发员工，进一步修正了预试问卷样本量不够大的问题（见表2-9）。

表2-9 调查样本统计

统计量	项目	人数	比例（%）
性别	男	136	65.7
	女	71	32.3

续表

统计量	项目	人数	比例（%）
年龄	30 岁及以下	76	36.71
	31~40 岁	97	46.86
	41~50 岁	25	12.08
	50 岁以上	9	4.35
学历	大专及以下	59	28.5
	本科	105	50.72
	硕士及以上	43	20.78
规模	5 人以下	69	33.33
	5~10 人	87	42.03
	10 人以上	51	24.64

正式问卷共计发放了 240 份，回收 215 份，回收率 89.58%，其中有 5 份填写不完整，3 份问卷缺损，实际回收有效问卷 207 份，有效回收率 86.25%。表 2-10 为本书所用到的各个维度的量表信度。

表 2-10　本书所用到的量表信度

量表	构面	克朗巴哈系数值
产品绩效	产品研发	0.8337
	产品获利	0.7653
	客户满意度	0.7099
项目绩效	时间控制	0.8301
	成本控制	0.7345
	风险控制	0.8009
人员绩效	团队协作	0.8191
	团队技能提升	0.7972
	成员能力提升	0.7233

2.4　企业 R&D 团队绩效评价模型的验证性因子分析

本书运用 AMOS 7.0 统计分析软件作为处理工具，分析所搜集到的数据，采用验证性因子分析（Confirmatory Factor Analysis，CFA）方法来分别验证模型中三个构面的信度、聚敛效度（Convergent Validity）和区别效度（Discriminant Validity），以及模型与数据之间的拟合度。结构方程模型（SEM）是一种基于变量的协方差矩阵来分析变量之间关系的统计方法，可用于解释一个或多个自变量与因变量之间的相互关系。结构方程模型最为显著的两个特点是：①评价多维的和相互关联的关系；②能够发现这些关系中没有察觉到的概念关系，而且能够在评价的过程中解释测量误差。由于本书所涉及的变量主观性较强，并且相互关系比较复杂，因此，非常适合用结构方程模型来测量。结构方程模型评价的核心内容是模型拟合性，即模型输出的各种拟合指标需要满足要求。模型整体拟合优度指标本书主要选择以下几类：①绝对拟合优度指标：χ^2/df（卡方自由度比）、GFI（拟合指数）；②增量拟合优度指数：TLI（非规准适配指数）、IFI（增值适配指数）、CFI（比较拟合指数）；③近似误差指数：RMSEA（近似误差均方根）。

2.4.1 产品绩效测量模型的验证性因子分析

运用 AMOS 7.0 统计分析软件进行数据处理，产品绩效测量模型的标准化参数如图 2-4 所示。

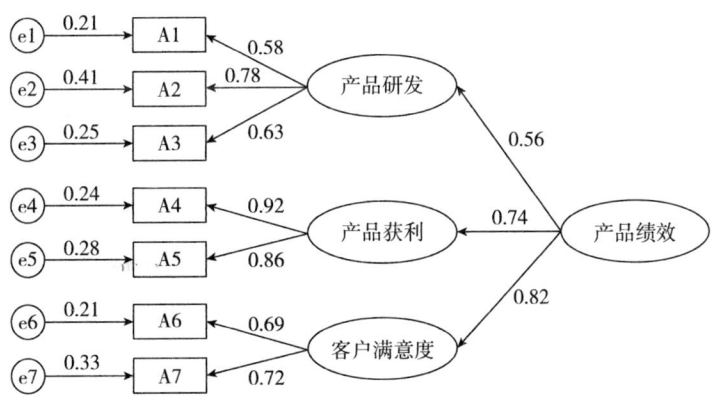

图 2-4　产品绩效测量模型的标准化参数图

数据处理结果见表 2-11 和表 2-12。由表 2-11 和表 2-12 可以了解产品绩效测量模型的信度、效度和测量模型的拟合优度。

表 2-11　产品绩效测量模型的结构分析

构面与题项		因子负荷	测量误差	平均萃取变量	α 信度
产品研发	A1	0.58	0.21	0.64	0.8337
	A2	0.78	0.41		
	A3	0.63	0.25		
产品获利	A4	0.92	0.24	0.58	0.7653
	A5	0.86	0.28		
客户满意度	A6	0.69	0.21	0.63	0.7099
	A7	0.72	0.33		

(1) 内部一致性信度：由 α 信度栏可以看到，产品研发、产品获利、客户满意度三个构面的克朗巴哈系数值都在 0.7 以上，达到可接受水平，且平均萃取变量（Average Variance Extracted）均在 0.5 以上，显示其内部一致性良好，符合研究所要求的水平（Bagozzi & Yi，1988）。

(2) 模型拟合度：从表 2-12 的结果来看，CFA 模型 χ^2/df 值为 1.69，符合小于 3 的标准；GFI、IFI、CFI 分别为 0.925、0.906、0.933，都大于推荐的标准值 0.9；TLI 值为 0.973，大于 0.95；RMSEA 值为 0.022，小于 0.06。因此，从各项拟合指标综合来看，测量模型与观测数据间无显著差异，模型拟合度良好。

表 2-12　产品绩效测量模型 CFA 模型拟合效果

拟合指标	χ^2/df	GFI	IFI	TLI	CFI	RMSEA
数值	1.69	0.925	0.906	0.973	0.933	0.022

(3) 聚敛效度：由因子负荷一栏可知，各题项的因子负荷量 t 值均达显著，表明产品绩效各构面题项具有聚敛效度（Anderson & Gerbin）。

(4) 区别效度：由表 2-13 的 AVE 开根值与构面间的各相关系数比较，可知产品绩效的测量模型具备良好的区别效度（Fornell & Larcker）。

表 2-13　产品绩效模型各构面的相关系数估计（区别效度检验）

潜在变量	产品研发	相关系数 产品获利	客户满意度
产品研发	1.000		

续表

潜在变量	产品研发	相关系数 产品获利	客户满意度
产品获利	0.390	1.000	
客户满意度	0.352	0.413	1.000

2.4.2 项目绩效测量模型的验证性因子分析

运用 AMOS 7.0 统计分析软件进行数据处理，项目绩效测量模型的标准化参数如图 2-5 所示。

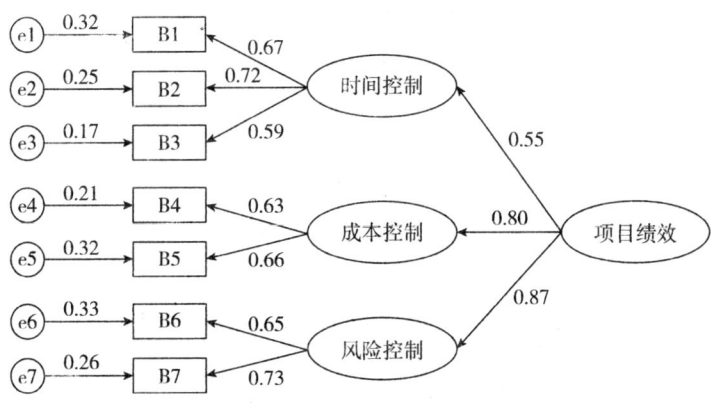

图 2-5 项目绩效测量模型的标准化参数

数据处理结果见表 2-14 和表 2-15。由表 2-14 和表 2-15 可以了解项目绩效测量模型三个构面的信度、效度和测量。模型的拟合优度由表 2-14 中 α 信度一栏可知，时间控制、成本控制、风险控制三个构面的克朗巴哈系数值都在 0.7 以上，达到可接受水平；平均萃取变量（AVE）均在 0.5 以上，显示其内部一致性良好，符合研究要求。同时，由表 2-15 可知，CFA 模型 χ^2/df 值小于 3；GFI、IFI、CFI 分别大于推荐的标准值 0.9；TLI 大于 0.95；RMSEA 值小于 0.06。综合分析，测量模型和观测数据之间无显著性差异，模型拟合良好。

表 2-14 项目绩效测量模型的结构分析

构面与题项		因子负荷	测量误差	平均萃取变量	α 信度
时间控制	B1	0.67	0.32	0.57	0.8301
	B2	0.72	0.25		
	B3	0.59	0.17		
成本控制	B4	0.63	0.21	0.63	0.7345
	B5	0.66	0.32		
风险控制	B6	0.65	0.33	0.58	0.8009
	B7	0.73	0.26		

表 2-15 项目绩效测量模型 CFA 模型拟合效果

拟合指标	X^2/df	GFI	IFI	TLI	CFI	RMSEA
数值	2.578	0.901	0.966	0.955	0.908	0.055

由表 2-14 因子负荷栏可以看出，项目绩效各衡量题项的因子负荷 t 值显著，具有聚敛效度。表 2-16 证明项目绩效各构面有良好的区别效度。

表 2-16 项目绩效模型各构面的相关系数估计（区别效度检验）

潜在变量	时间控制	相关系数 成本控制	风险控制
时间控制	1.000		
成本控制	0.367	1.000	
风险控制	0.385	0.476	1.000

2.4.3 人员绩效测量模型的验证性因子分析

运用 AMOS 7.0 统计分析软件进行数据处理，人员绩效测量模型的标准化参数如图 2-6 所示。

数据处理结果见表 2-17 和表 2-18。由表 2-17 和表 2-18 可以了解人员绩效测量模型的三个构面的信度、效度和拟合优度。

由表 2-17 中 α 信度一栏可知，成员能力提升、团队技能提升、团队协作三个构面的克朗巴哈系数值都在 0.7 以上，达到可接受水平；平均萃取变量（AVE）均在 0.5 以上，显示其内部一致性良好，符合研究要求。同时，

2 场景应用：企业 R&D 团队绩效评价体系研究

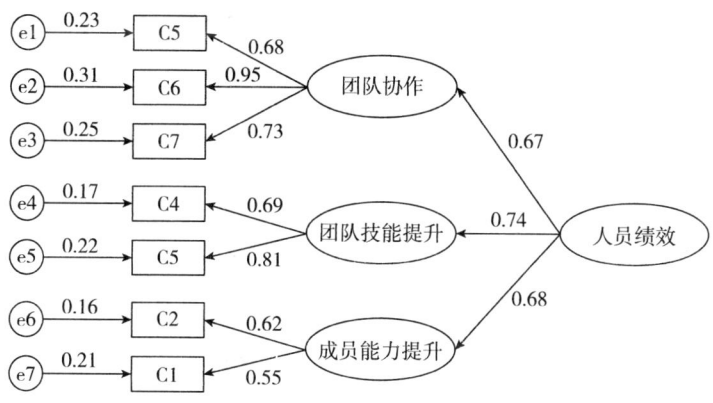

图 2-6 人员绩效测量模型的标准化参数

CFA 模型 χ^2/df 值小于 3；GFI、IFI、CFI 分别大于推荐的标准值 0.9；TLI 大于 0.95；RMSEA 值小于 0.06。综合分析，测量模型和观测数据之间无显著性差异，模型拟合良好。

表 2-17 人员绩效测量模型的结构分析

构面与题项		因子负荷	测量误差	平均萃取变量	α 信度
团队协作	C5	0.68	0.23	0.63	0.7972
	C6	0.95	0.31		
	C7	0.73	0.25		
团队技能提升	C4	0.69	0.17	0.57	0.7972
	C5	0.81	0.22		
成员能力提升	C2	0.62	0.16	0.61	0.7233
	C1	0.55	0.21		

表 2-18 人员绩效测量模型 CFA 模型拟合效果

拟合指标	χ^2/df	GFI	IFI	TLI	CFI	RMSEA
数值	2.721	0.952	0.901	0.964	0.931	0.050

由表 2-17 因子负荷栏可以看出，人员绩效各衡量题项的因子负荷 t 值显著，具有聚敛效度。表 2-19 证明项目绩效各构面有良好的区别效度。

表 2-19　人员绩效模型各构面的相关系数估计（区别效度检验）

潜在变量	相关系数		
	团队协作	团队技能提升	成员能力提升
团队协作	1.000		
团队技能提升	0.341	1.000	
成员能力提升	0.350	0.456	1.000

2.4.4　企业研发团队绩效评价测量模型的验证性因子分析

由 AMOS 得到，企业研发团队绩效评价测量模型的标准化参数如图 2-7 所示。数据处理结果见表 2-20 和表 2-21，由表 2-20 和表 2-21 可以了解到研发团队绩效评价测量模型的三个构面的信度、效度和拟合优度。

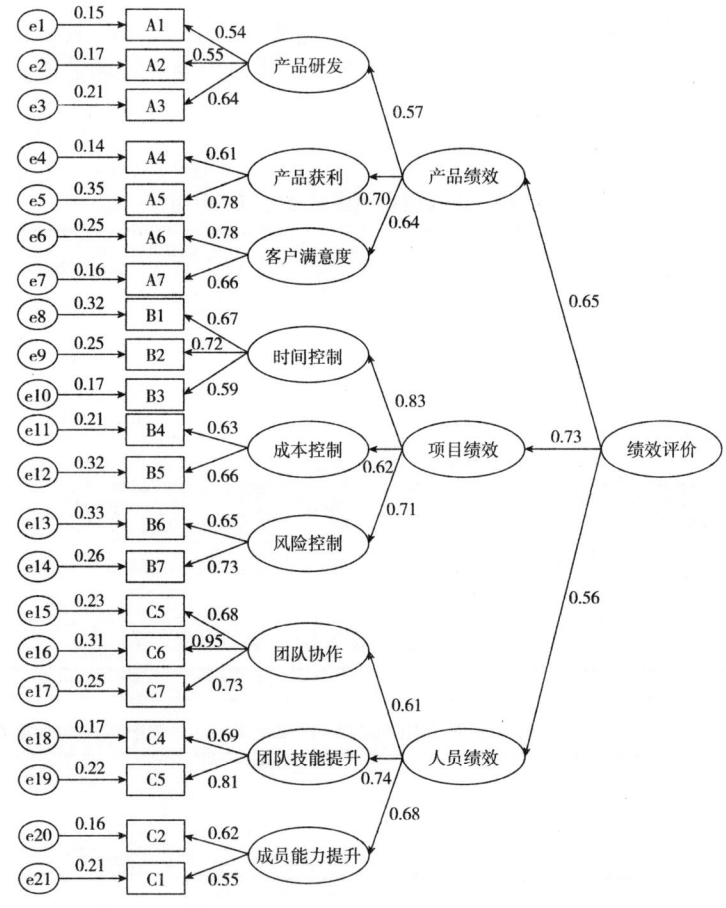

图 2-7　企业研发团队绩效评价测量模型的标准化参数

表 2-20　企业研发团队绩效评价模型的结构分析

量表	构面	因子负荷	测量误差	平均萃取变量	α 信度
产品绩效	产品研发	0.57	0.23	0.63	0.8018
	产品获利	0.79	0.24		
	客户满意度	0.64	0.33		
项目绩效	时间控制	0.83	0.18	0.54	0.7594
	成本控制	0.62	0.29		
	风险控制	0.71	0.19		
人员绩效	团队协作	0.61	0.29	0.62	0.9287
	团队技能提升	0.74	0.39		
	成员能力提升	0.68	0.16		

由表 2-20 中信度一栏可知，产品绩效、项目绩效、人员绩效三个构面的克朗巴哈系数值都在 0.7 以上，达到可接受水平；平均萃取变量（AVE）均在 0.5 以上，显示其内部一致性良好，符合研究要求。同时，CFA 模型 χ^2/df 值小于 3；GFI、IFI、CFI 分别大于推荐的标准值 0.9；TLI 大于 0.95；RMSEA 值小于 0.06。综合分析，测量模型和观测数据之间无显著性差异，模型拟合良好。

表 2-21　企业研发团队绩效评价模型 CFA 模型拟合效果

拟合指标	χ^2/df	GFI	IFI	TLI	CFI	RMSEA
数值	2.518	0.925	0.933	0.951	0.902	0.043

由表 2-20 因子负荷栏可以看出，研发团队绩效评价各衡量维度的因子负荷 t 值显著，具有聚敛效度。表 2-22 证明绩效评价各构面有良好的区别效度。

表 2-22　企业研发团队绩效评价模型各维度的相关系数估计（区别效度检验）

潜在变量	相关系数		
	产品绩效	项目绩效	人员绩效
产品绩效	1.000		
项目绩效	0.476	1.000	
人员绩效	0.341	0.350	1.000

2.5 企业研发团队绩效评价体系的构建

企业研发团队绩效评价体系的构建是一个循序渐进的过程。绩效评价体系的构建需要经过以下步骤：首先通过问卷收集数据，经过探索性因子分析确定评价指标；其次确定指标的权重、设计评价标准；最后建立初步的评价模型，确定评价体系。本章将围绕企业研发团队绩效评价体系的构建思路、指导原则、评价指标和权重的设定方法等展开介绍。

2.5.1 企业研发团队绩效评价体系的构建思路

企业研发团队绩效评价体系的构建是一项系统工程，主要包括指标设计、指标权重设计、评价标准设计，以及效度验证和最终的评价方案的确定，具体步骤如图 2-8 所示。

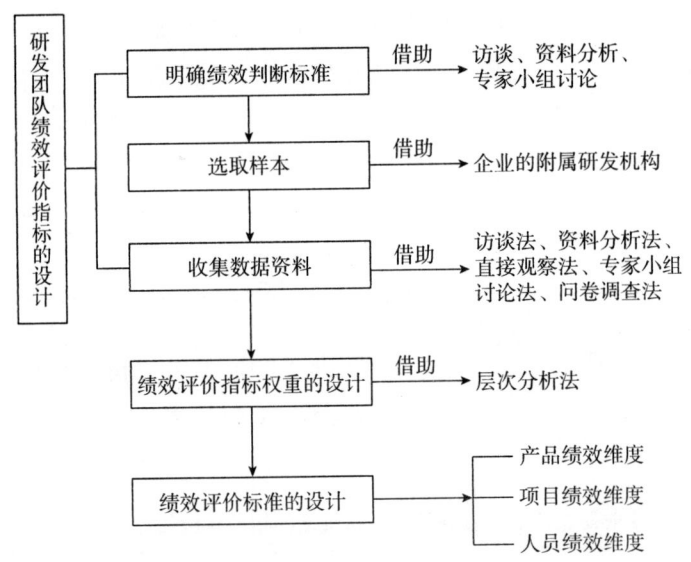

图 2-8 研发团队绩效评价体系的构建思路

2.5.2 企业研发团队绩效评价指标权重的设计

本书将在第三章问卷编制阶段完成指标的设计工作，本节主要对设计好的指标设计具体权重，本书主要采用层次分析法（AHP），通过建立数学模型来确定每个指标的权重,结果如表 2-23 所示。

表 2-23 绩效评价指标及权重　　　　　　单位:%

一级指标	二级指标	三级指标
产品绩效 35	产品研发 34	产品技术评审合格 35
		产品性能提高程度 35
		研发产品的上市速度 30
	产品获利 34	研发产品的市场份额 50
		研发产品销售收入 50
	客户满意度 32	顾客的总体评价 50
		顾客对产品的投诉 50
项目绩效 30	时间控制 33	工作进度的实施 35
		产品研发耗时 35
		项目的工作效率 30
	成本控制 32	项目费用的安排 50
		项目的投入产出 50
	风险控制 35	项目创新的专利保护申请 50
		项目的投资管理 50
人员绩效 35	团队技能提升 35	团队整体能力的提升 50
		未来团队工作能力的潜力 50
	团队协作 30	获取资源的速度 30
		获取资源的质量 30
		协调工作的效率 40
	成员能力提升 35	成员规章制度的遵守 50
		工作中成员能力的提高 50

2.5.3 企业研发团队绩效评价标准的设计

(1) 产品绩效维度的评价。产品绩效维度的评价等级如表 2-24 所示,为简单起见,本书中所有评价等级评分均采取百分制,定量指标的评分均按照区间值均匀分布计算,产品绩效维度的评价标准如表 2-25 所示。

表 2-24　产品绩效维度的评价等级

一级指标	二级指标	三级指标	评价标准
产品绩效	产品研发	产品技术评审合格	好（100）　较好（80）　一般（60）　较差（40）　差（10）
		产品性能提高程度	强（100）　较强（80）　一般（60）　较弱（40）　弱（10）
		研发产品的上市速度	快（100）　较快（80）　一般（60）　较慢（40）　慢（10）
	产品获利	研发产品的市场份额	强（100）　较强（80）　一般（60）　较弱（40）　弱（10）
		研发产品销售收入	好（100）　较好（80）　一般（60）　较差（40）　差（10）
	客户满意度	顾客的总体评价	好（100）　较好（80）　一般（60）　较差（40）　差（10）
		顾客对产品的投诉	少（100）　较少（80）　一般（60）　较多（40）　多（10）

表 2-25　产品绩效维度的评价标准

评价等级		评价标准
分类一	好（100）	对于此项评价内容，研发团队表现得非常好
	较好（80）	对于此项评价内容，研发团队表现得较好
	一般（60）	对于此项评价内容，研发团队表现得一般
	较差（40）	对于此项评价内容，研发团队表现得较差
	差（10）	对于此项评价内容，研发团队表现得很差
分类二	强（100）	对此项指标的内容，研发团队具备非常强的能力
	较强（80）	对此项指标的内容，研发团队具备较强的能力
	一般（60）	对此项指标的内容，研发团队具备基本的能力
	较弱（40）	对此项指标的内容，研发团队的能力欠佳
	弱（10）	对此项指标的内容，研发团队完全不具备任何能力
分类三	少（100）	顾客对研发产品的投诉少
	较少（80）	顾客对研发产品的投诉较少
	一般（60）	顾客对研发产品的投诉一般
	较多（40）	顾客对研发产品的投诉较多
	多（10）	顾客对研发产品的投诉很多
分类四	快（100）	研发产品的上市速度快
	较快（80）	研发产品的上市速度较快
	一般（60）	研发产品的上市速度一般
	较慢（40）	研发产品的上市速度较慢
	慢（10）	研发产品的上市速度很慢

（2）项目绩效维度的评价。项目绩效维度的评价等级如表 2-26 所示，项目绩效维度的评价标准如表 2-27 所示。

表 2-26 项目绩效维度的评价等级

一级指标	二级指标	三级指标	评价标准
项目绩效	时间控制	工作进度的实施	好（100）较好（80）一般（60）较差（40）差（10）
		产品研发耗时	短（100）较短（80）一般（60）较长（40）长（10）
		项目的工作效率	高效（100）有效（80）一般（60）低效（40）无效（10）
	成本控制	项目费用的安排	高效（100）有效（80）一般（60）低效（40）无效（10）
		项目的投入产出	高效（100）有效（80）一般（60）低效（40）无效（10）
	风险控制	项目创新的专利申请	好（100）较好（80）一般（60）较差（40）差（10）
		项目的投资管理	好（100）较好（80）一般（60）较差（40）差（10）

表 2-27 项目绩效维度的评价标准

	评价等级	评价标准
分类一	高效（100）	对于此项评价内容，研发团队的表现高效
	有效（80）	对于此项评价内容，研发团队的表现有效
	一般（60）	对于此项评价内容，研发团队的表现一般
	低效（40）	对于此项评价内容，研发团队的表现低效
	无效（10）	对于此项评价内容，研发团队的表现无效
分类二	好（100）	对于此项评价内容，研发团队的表现好
	较好（80）	对于此项评价内容，研发团队的表现较好
	一般（60）	对于此项评价内容，研发团队的表现一般
	较差（40）	对于此项评价内容，研发团队的表现较差
	差（10）	对于此项评价内容，研发团队的表现差
分类三	短（100）	研发产品的研发耗时短
	较短（80）	研发产品的研发耗时较短
	一般（60）	研发产品的研发耗时一般
	较长（40）	研发产品的研发耗时较长
	长（10）	研发产品的研发耗时长

（3）人员绩效维度的评价。人员绩效维度的评价等级如表 2-28 所示，人员绩效维度的评价标准如表 2-29 所示。

表 2-28 人员绩效维度的评价等级

一级指标	二级指标	三级指标	评价标准
人员绩效	团队技能提升	团队整体能力提升	强（100）较强（80）一般（60）较弱（40）弱（10）
		未来团队工作能力的潜力	强（100）较强（80）一般（60）较弱（40）弱（10）
		获取资源速度	高效（100）有效（80）一般（60）低效（40）无效（10）
	团队协作	获取资源质量	强（100）较强（80）一般（60）较弱（40）弱（10）
		协调工作的效率	高效（100）有效（80）一般（60）低效（40）无效（10）
	成员能力提升	成员规章制度遵守	强（100）较强（80）一般（60）较弱（40）弱（10）
		工作中成员能力的提高	强（100）较强（80）一般（60）较弱（40）弱（10）

表 2-29 人员绩效维度的评价标准

评价等级		评价标准
分类一	高效（100）	对于此项评价内容，研发团队的表现高效
	有效（80）	对于此项评价内容，研发团队的表现有效
	一般（60）	对于此项评价内容，研发团队的表现一般
	低效（40）	对于此项评价内容，研发团队的表现低效
	无效（10）	对于此项评价内容，研发团队的表现无效
分类二	强（100）	对于此项评价内容，研发团队具备非常强的能力
	较强（80）	对于此项评价内容，研发团队具备较强的能力
	一般（60）	对于此项评价内容，研发团队具备基本的能力
	较弱（40）	对于此项评价内容，研发团队的能力欠佳
	弱（10）	对于此项评价内容，研发团队完全不具备任何能力

2.6 结论与展望

通过对企业研发团队绩效评价的理论与实证研究，本书得出以下结论：

（1）本书的研发对象是企业研发团队，它是由来自相同或相近专业领域中的各类技能人员组建而成，以推出某种新产品或新服务为基本目的的一种特殊群体。除了具备一般团队的共同特点：相互依赖和协调，角色定位与责任分担，自我管理和授权，信息沟通与知识共享之外，企业研发团队还具有以下鲜明的特征：成员知识水平高、工作技术含量高、团队学习能力强、团队创新能力强。对于研发团队绩效的界定本书借鉴了克里斯的观点，认为它包括战略绩效、功能绩效和行为性绩效三部分。

（2）在前文理论研究的基础上，本书提出了企业研发团队绩效评价的理论模型，确定了绩效评价的三个维度分别为：产品绩效、项目绩效和人员绩效。这三个维度与克里斯绩效评价的三个层面相呼应。

（3）为进一步确定绩效评价的指标体系，本书分别从三个维度编制量表，通过问卷调查收集数据，并对问卷结果进行了探索性因子分析，在原有指标的基础上制定出科学、合理的评价指标，将指标内容转化为正式问卷。修正后的指标体系包括9个二级指标和21个三级指标。

（4）对于设计好的企业研发团队绩效评价指标，本书根据结构方程的相关原理设计绩效评价的测量模型，运用AMOS 7.0统计分析软件对测量模型进行验证性因子分析，以期保证企业研发团队绩效评价指标的有效性。通过验证，模型拟合度良好，结果显示绩效评价指标是合理的。

（5）在以上研究的基础上设计企业研发团队绩效评价体系，并对各级指标通过层次分析法设定了权重，同时根据指标内容设置了绩效评价标准。

本书研究的基本思路是在国内外有关团队绩效评价理论与研究综述的基础之上，探讨企业研发团队绩效评价问题。本书的结论对于指导我国企业研发团队绩效评价的实践具有一定的参考价值。但是，由于多方面原因，使得本书的研究存在一定的局限性，主要表现在以下几个方面：

（1）虽然本书力求从多个角度全面地评价企业研发团队绩效，探讨绩效评价指标和标准，但基于本书只对研发团队的产品绩效、项目绩效和人员绩效三个维度进行了重点研究，再加上一部分指标的难以量化性和主观性，使得对实际测度结果有一定影响。

（2）本书实证研究部分采用因子分析的方法，该方法建立在样本调查的基础上，由于调查的深度和广度的限制，以及笔者自身能力有限，获得样本在数量和质量上都有一定的缺陷，对研究结果难免会有影响。

（3）由于时间、资源的限制，本书只进行了实证研究，并没有进行相关的案例研究，缺乏对个案的深入分析和挖掘。实证研究是从整个面上来严整模型和提出假设，而案例研究则是从点上深入分析和挖掘。实证研究和案例研究相结合可以达到点面结合，这是以后研究的一个目标。

领导—成员关系篇

——营造『和而不同』的上下级关系

中国是一个强调集体主义的国家,相比于西方社会个人主义至上的文化,中国各个层次组织都像是一个以"人情"为关键节点的社会网络。这种非正式的网络同样贯穿于中国知识型团队中,并对其行为和结果产生影响。然而,国内相关文献普遍沿袭西方学者关于知识型团队的研究范式,对于中国本土文化因素影响的挖掘不够充分,比如中国组织中普遍存在的差序格局(领导成员交换关系差异)、圈子文化(领导成员交换关系)等因素对知识团队绩效会产生怎样的影响并不清晰。本部分将从上下级关系的视角,揭开高绩效知识型团队中领导与成员之间的理想状态。

3 "和"的力量：领导—成员交换关系与知识型团队创新绩效

3.1 引言

在知识经济背景下，随着企业创新任务复杂性的加剧，团队正取代个人，逐渐成为现代企业创新战略的主要执行单元，团队创新能力也成为企业谋取竞争优势的关键。大量研究表明，领导是影响团队创新的重要因素。然而，传统领导理论（如领导行为理论和领导特质理论）默认的假设前提是同一领导会以相同的方式对待所有下属，这显然与企业管理实践不一致。领导—成员交换关系理论（Leader Member Exchange，LMX）的提出突破了原有研究的瓶颈，它以一种动态、差异的观点来理解组织中上下级关系。该理论的核心观点认为：由于时间和精力等的限制，领导会以不同的方式对待下属，依据下属的能力、可信任程度、愿意承担工作责任的动机以及与自己的相似性等特征对其加以区分，形成"圈内"和"圈外"两种关系。"圈内"与"圈外"成员相比，他们与领导之间交换关系的质量更高，更容易获得上级的支持和信任，获得更多的工作权限和自由度，得到较好的绩效评价。

LMX 作为近十年来领导理论中最受关注的变量之一，已被证实与个体创造力有密切联系。当 LMX 质量高时，下属在资源、信息、社会网络等方面得到领导较多的支持，更容易获得领导的信任与尊重，有利于下属自我效能感的增强，且承担更多的挑战性及发展性任务，可以更好地调动个人潜能，从而提高其创造力。当 LMX 质量低时，领导与成员之间更多地表现为一种权力关系，下属按照规章制度执行工作要求，与领导情感交流较少，个人潜能无法得到有效开发，不利于个体创造力提升。个体 LMX 质量与成员创造力之间的正向关系属于个人层面研究成果，如果将其映射到团队层面，不难发现"团队整体的领导—成员交换关系质量与团队创新可能存在潜在的正相关"。然而，这一点尚未在现有团队创新的相关文献中被明确指出。因此，基于团队创新对企业的重要性以及团队领导—成员关系质量作为团队创新前因变量的合理性与现有性，本书将团队层面的 LMX 和创新之间的相互关系作为关注的核心问题。

此外，回顾以往关于团队创新的文献不难发现，团队合作作为一个重要的过程变量，会在团队层面 LMX 和团队创新之间存在潜在的中介效应。具体而言，当团队整体 LMX 质量较高时，团队中易于形成相互信任、尊重的氛围，使团队成员间正式与非正式交流增多，促进团队合作水平的提升，成员思维更活跃、工作激情更高，最终对团队创新绩效的提高产生积极影响。此外，近年来一些学者验证了 LMX 与 LMX 差异对团队输出变量的交互作用，认为 LMX 差异作为一个重要的情景因素，有助于理解 LMX 与团队变量间的复杂关系。因此，本书将团队合作作为一个重要的过程变量，将 LMX 差异作为一个重要的情景因变量，通过构建一个具有中介效应和调节效应的模型揭示团队水平 LMX 与团队创新之间的作用机制。

综上，本书从社会交换理论的视角来阐释领导与创新之间的关系，突破了现有 LMX 文献中强调个人和对偶层面的研究现状，在更高层面上探索 LMX 与结果变量之间的关系，进一步丰富和发展了创新和领导的相关理论，同时也为促进企业创新能力的提升做出了有益的指导。

3.2 理论分析与假设

3.2.1 团队水平 LMX 和团队创新

团队创新是指为了使个人、团队、组织，甚至整个社会受益，而有意识地在团队内引入和应用一些新的想法、过程、产品或程序的行为，它被认为是现代企业生存和可持续发展的源泉。团队创新能力的涌现是团队内部和外部各种因素共同推动的结果，因此，对团队创新影响机制的探索是从不同角度展开的。一部分学者从组织的视角出发，将团队视为管理的客体，研究团队创新的影响机制，认为主要影响因素包括团队规模、团队异质性、团队任务特征、团队成员服务期限、组织文化（氛围）等，这类研究强调"组织如何做"。还有一些学者基于团队过程的视角进行分析，主要影响因素包括团队冲突管理、团队反思、团队创新氛围、团队领导行为等，他们将团队作为管理主体,主要关注"团队如何做"的问题。

尽管已有研究为团队创新的提升提供了丰富路径,遗憾的是尚没有文献明确指出团队水平 LMX 对团队创新产生何种影响。但是,本书借助相关研究结论发现它们之间存在潜在的正向关系。Kathleen Boies 和 Jane M. Howell(2006)分别探索了团队水平的 LMX 与团队效能和团队冲突的关系,发现团队 LMX 水平与团队效能正相关,与团队冲突呈负相关关系。他们指出当团队整体 LMX 水平较高时,以相互尊重和信任为特点的高质量个人 LMX 会广泛存在于成员之间,大部分团队成员的心理授权以及自我效能感高,团队表现出较高的整体效能,而且由于团队中圈内成员占绝大多数,他们之间有共同的利益,团队内部冲突较低。考虑到高团队冲突会阻碍成员间的正常交流与协作而高团队效能有助于提高团队整体凝聚力,本书推断高质量的团队水平 LMX 会促进团队创新提升。此外,Kenneth S. Law,Hui Wang 和 Chun Hui(2010)的实证研究发现高质量团队层面 LMX 与团队任务绩效正相关,这也间接反映了高质量的团队 LMX 可能对团队输出有积极作用。综上,本书提出以下假设:

假设 1:团队水平 LMX 对团队创新有显著正向影响。

3.2.2 团队水平 LMX 和团队合作

Mead(1976)将团队合作定义为:团队中的个体为实现共同目标而协同活动,促使某种既有利于自己又有利于他人的结果得以实现的行为。它强调成员朝着共同目标努力的合作动机,而非从事一项集体活动的显性行为模式。团队合作的质量会直接影响团队任务及周边绩效,因此,团队合作前因变量的探索一直是国内外学者关注重点,领导有效性便是其中之一。团队领导会通过影响团队氛围、团队文化以及团队内资源、信息、职权的分配作用于团队合作。现有研究已经从变革型领导、自主型领导以及情境性领导等方面对"领导—团队合作"间的关系进行阐述。

然而,LMX 作为近年来探索领导理论的一个新视角,其对团队合作的影响并没有引起学者的重视。LMX 理论的核心观点是,领导用不同的方式来管理下属成员,同团队成员发展出不同的交换关系,这种关系包括依赖交互信任、尊重和责任建立的高质量交换关系,也包括主要依靠工作描述相互联系的低质量的交换关系。当团队中整体 LMX 水平高时,团队中拥有高质量个人 LMX 的成员占很大比例,他们之间有共同的利益,在彼此交往中的心理安全感高,更容易建立彼此间的信任,并获得更多的相互支持,从而改善团队中的工作氛围，团队凝聚力也会随之增加，最终提升团队整体合作水平。因此，基于以上研究的结论，本书提出以下假设：

假设 2：团队水平 LMX 对团队合作有显著正向影响。

3.2.3 团队合作和团队创新

团队合作与团队创新之间的正向关系较为明确，且被众多学者从不同角度证实。例如，王要武和蔡德章（2008）利用博弈模型分析发现团队成员合作通过合作能力、合作关系、合作行为三个方面影响团队内部知识共享的效果，而知识共享的成效又直接影响团队创新。Griffin 和 Hauser（1996）研究发现，在跨功能团队中，研发和市场人员的合作将有助于提升新产品开发的成功率。Jassawalla 和 Sashittal（1998）认为新产品研发过程不但需要跨功能的整合，更重要的是需要建立合作机制，包括在关注共同目标的同时，共享观点、共享资源、共享利益、互相理解、求同存异。De Dreu 和 West（2001）在创新行为的研究中发现，低水平分歧和高水平的合作有利于创新思想的产生，并提高决策过程中合作水平，使创新思想更容易付诸实施。此外，Sacrament Chang 和 West（2006）的研究显示，团队中合作水平较高能产生创意执行知识网络，进而提升创新绩效。总之，团队成员投入更多的时间和资源进行交流的过程中，容易建立起彼此之间的信任与尊重，树立共进退的信心和勇气，同时也相互丰富了彼此的思想和知识，保持良好的合作共处的态度和氛围，有利于团队内部知识的转移和共享，为创新思想的产生和执行提供了必要的条件。因此，本书提出如下假设：

假设 3：团队合作对团队创新显著的正向影响。

3.2.4 团队合作的中介效应

基于前文中提出的团队层面 LMX 对团队创新的正向关系，团队层面 LMX 与团队合作的正向关系以及团队合作与团队创新的正向关系，本书推断团队水平 LMX 可能通过团队合作来影响团队创新水平。因为当团队中 LMX 整体水平较高时，领导与成员间情感交流充分，同时大部分团队成员都受到领导的尊重与信任，领导—成员间、成员之间更容易坦诚交流，相互合作，沟通思想，并共享知识、技能，从而更有利于团队内新思想、新观点的迸发，同时团队成员的相互合作也有利于创新思想的执行，最终提升团队创新绩效。综上，本书提出以下假设：

假设 4：团队合作在团队水平 LMX 与团队创新之间起到中介作用。

3.2.5 团队 LMX 差异的调节作用

除了研究团队水平 LMX 对团队创新的主效应外，本书还特别关注了 LMX 差异如何影响两者之间的关系。LMX 差异是指团队中领导与成员间的关系质量存在差异的程度。作为团队层面构念，它对领导理论来讲并不是一个新概念，但作为领导—成员交换理论的核心直到近几年才得到学术界广泛关注。已有研究发现 LMX 与 LMX 差异会共同对个人或团队层面的输出产生积极的交互作用。例如，Kathleen Boies 和 Jane M. Howell（2006）用团队水平 LMX 与 LMX 差异的交互项来解释团队效能和冲突的变异。当团队中 LMX 差异较大时，高质量团队层面 LMX 对团队创新的积极影响更强烈，而对团队冲突的负向关系也更加强烈。Hui Liao，Dong Liu 和 Raymond Loi（2010）检验了团队 LMX 差异对团队成员 LMX 质量和自我效能感之间的调节效用，结果发现高水平的团队 LMX 差异会加强成员 LMX 质量与其自我效能感之间的正向关系。此外，Henderson D. J. 和 Wayne S. J.（2008）、Ma Li 和 Qu Qing 等的研究也得到相似的结论，即团队 LMX 差异与 LMX 交互作用对个人和团队层面结果变量有积极影响。因此，基于前人的研究，本书提出如下假设：

假设 5：团队之间的 LMX 差异会强化团队水平 LMX 对团队创新之间正向影响。

综上所述，本书的概念模型如图 3-1 所示。

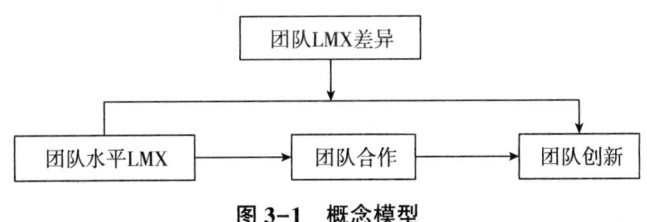

图 3-1 概念模型

3.3 样本选择与变量测量

3.3.1 样本和程序

本书的项目组通过与北京智序管理咨询公司的合作保证了实证调研的顺利开展。样本企业来自北京智序公司的长期咨询客户，涉及北京、上海、安徽、江苏等多个地区,包括汽车制造、交通运输、对外贸易等多个行业。在获得样本企业同意后,项目组首先同企业人力资源部门经理交流,要求其提供参与调研的团队、团队领导和其所辖下属的名单,同时在问卷调研中,项目组在问卷的末页设置了一个代码,以确保同属一个团队的成员与领导是匹配的,将不同团队区分开。调研是现场开展的,团队成员根据在领导成员关系、团队合作、团队创新等方面的感知填写问卷。

项目组共发放问卷 315 份,涉及 45 个团队,参与者在一种保密的状态下采集数据,调查问卷在一个密封的信封里,参与者完成作答后,直接提交给项目组成员。数据回收后,除去一些无效问卷,最终的样本由 245 人,35 个团队构成(包括 210 个团队成员和 35 位团队领导)。在 35 个团队中,14 个团队来自汽车制造类企业,11 个团队来自交通运输类企业,10 个团队来自对外贸易类企业。在 245 位有效参与者中,57.4% 为女性,平均年龄为 24.53 岁,在团队中与现任领导简历工作关系时间(关系任期)为 1.51 年,团队规模为 4~12 人不等,平均规模为 7.00 人。所有分析在团队层面展开。

3.3.2 变量测量

(1)团队水平 LMX。本书中 LMX 质量的测量采用的是 Graen 和 Uhl-Bien(1995)7 题项量表,题项包括"我的主管很认可我的工作潜力""我认为我和主管的工作关系非常有效"等。问卷由团队成员基于自身对 LMX 的感知填写完成。而本书模型中所有假设都是建立在团队层面上,因此有必要将个人 LMX 质量的观测值汇聚成一个综合值,来表示团队层面的 LMX。参照已有同类研究,本书在观测值聚合之前进行了群内一致性检验,结果显示达到聚合标准($r_{wg}=0.75>0.70$)。因此,本书应用个人层面 LMX 质量的平均值来反映团队整体的 LMX。本书采用李克特 5 点量表,量表的克朗巴哈系数值为 0.87。

(2)团队合作。本书采用的团队合作问卷是基于 Aram 等(1971)和 Lechler(2001)量表的基础上开发而成。该量表从四个方面测量团队创新:a. 通过支持和整合的问题解决状况;b. 开放真诚交流的状况;c. 凝聚力,包括团队成员间的相互吸引以及对团队任务和团队荣誉的承诺;d. 规范,即基于成员共同期望的团队行为。参与者同样参与 5 分量表的回答,按照认同的程度分为 1(非常不认同)到 5(非常认同)。Coefficient α 值为 0.81,表示问卷适合进行数据分析。

(3)团队创新。本书中对团队创新的测量是基于 Janssen 和 Van Yperen

(2001)量表得到调研问卷。Janssen 和 Van Yperen 量表中将创新分为三个阶段：创意形成、创意推广和实际应用。在此基础上，本书从"创新想法产生""创新想法获得的支持""创新想法的成功实施"三个维度对团队创新进行测量。团队创新相关信息通过团队领导来收集，直接得到团队层面的数据。量表采用李克特5点量表进行测量，Cronbach's α 值是0.83。

（4）LMX 差异。本书与 Kathleen Boies 和 Jane M. Howell（2006）的分散模型以及 LMX 差异的测量方法保持一致，之后计算团队内部所有成员 LMX 得分的方差，方差大的说明团队内部 LMX 差异较高。

3.4 实证检验

在确保问卷的可信性和有效性的基础上，本书采用 SPSS 17.0 软件，利用相关关系及多元层次回归分析对研究假设进行验证。

3.4.1 基于相关分析的假设检验

表3-1 显示了8个变量的均值、标准差以及相互关系。与假设的结果一致，团队水平 LMX 和团队创新之间显著正相关（$r=0.47$，$p<0.01$），假设1得到初步的验证。团队水平 LMX 和团队合作之间显著正相关（$r=0.64$，$p<0.01$），假设2得到初步证实。同时，假设3团队合作和团队创新之间的关系也得到了初步验证（$r=0.43$，$p<0.01$）。此外，结果表明，团队规模对团队合作和团队创新呈现显著负向影响（$r=-0.33$，$r=-0.22$，$p<0.05$），团队规模越大，团队内部的合作水平和创新绩效会随之降低，一些相关研究中也得到类似结论。

表 3-1 所有变量的描述性统计结果和关系（$N=245$）

变量	平均值	标准差	1	2	3	4	5	6	7
1. 性别	—	—							
2. 年龄	24.53	4.12	-0.06	—					
3. 团队规模	7.00	4.71	-0.07	0.08	—				
4. 关系任期	1.51	1.03	0.03	0.51**	0.18	—			
5. 团队 LMX	3.18	0.62	0.11	0.11	-0.19	0.08	—		
6. LMX 差异	0.81	0.13	-0.03	0.04	0.26*	0.16	0.15	—	

续表

变量	平均值	标准差	1	2	3	4	5	6	7
7. 团队合作	3.19	0.72	-0.19	0.08	-0.33*	0.13	0.64**	0.28*	—
8. 团队创新	2.86	0.63	-0.12	0.13	-0.22*	0.12	0.47**	0.07	0.43**

注：* 表示 $p<0.05$，** 表示 $p<0.01$。

3.4.2 基于多元层次回归分析的假设检验

根据 Baron 和 Kenny（1986）的研究，对理论模型中介作用的检验需要满足四个条件，这些条件可以通过一系列的回归分析进行验证。第一，自变量（LMX 均值）对中介变量（团队合作）有显著影响；第二，自变量（LMX 均值）对因变量（团队创新）有显著影响；第三，当控制自变量时，中介变量（团队合作）对因变量（团队创新）有显著影响；第四，当自变量（团队水平 LMX）与中介变量（团队合作）同时进入回归方程解释因变量（团队创新）时，中介变量的作用显著，而且自变量的作用消失或减弱。在以上这些分析的过程中，对性别、年龄、团队规模以及领导—成员之间关系任期等变量是控制的。表 3-2 为层次回归分析对应的 3 个具体模型。

表 3-2 层次回归分析及标准化后回归系数（$N=245$）

变量	分析 1 团队合作	分析 2 团队创新	分析 3 团队创新
性别	-0.09	-0.04	-0.05
年龄	0.043	0.051	0.04
团队规模	-0.21	-0.09	-0.08
关系任期	0.10	0.11	0.21
团队水平 LMX	0.53**	0.43**	0.29*
团队合作			0.23*
R^2	0.18*	0.33**	0.42**
ΔR^2			0.09

* 表示 $p<0.05$，** 表示 $p<0.01$。

由分析 1 的结果可知：团队水平 LMX 对团队合作具有显著的正向影响（$\beta=0.53$，$p<0.01$），假设 2 得到证明；分析 2 的结果说明团队水平 LMX 对团队创新具有显著的正向影响（$\beta=0.43$，$p<0.01$），从而假设 1 得到支

持；分析 3 的结果表明，在控制团队水平 LMX 后，团队合作同团队创新积极相关（β=0.23，p<0.05），支持了假设 3。比较分析 1~分析 3 的结果，验证了中介作用，同时发现当引入团队合作时，团队水平 LMX 和团队创新之间的显著关系降低（β=0.29）。

因此，假设 4 团队合作的中介作用得到证实。本书对研究结果进行了尝试性分析，可能的解释如下：当团队整体 LMX 水平较高时，大部分成员与领导交换关系质量高，一方面他们之间拥有共同的情感纽带及利益，这会增强交流时的心理安全感，易于形成彼此信任的氛围；另一方面他们因为得到领导更多的支持与信任会产生一种感恩情结，促使大部分成员表现出积极的角色外行为。以上两个方面都会使团队合作的频率和效果提高。当团队整体 LMX 水平较低时，大部分成员仅依靠契约与领导建立联系，按照规章制度执行工作要求，对工作和团队的嵌入性较低，难以促使他们产生组织公民行为，此外少数圈内人的优厚待遇，也会降低大部分成员对团队公平的感知，他们会采用被动消极的方式合作，团队冲突和摩擦增加，不利于团队合作。因此，团队水平 LMX 对团队合作具有正向影响效果。当团队合作顺畅时，团队内部知识转移与共享的渠道更加顺畅，有利于团队知识整合和新知识产生，最终团队表现出较高的创新绩效；相反，当团队合作的质量和数量都处于低水平时，团队知识转移的粘滞性增强，从而不利于创新思想的激发和执行，最终团队整体表现出较低的创新绩效。所以，团队合作对团队创新具有正向影响效果。基于以上两方面分析，团队层面 LMX 通过团队合作间接影响团队创新。

3.4.3 LMX 差异在团队层面 LMX 与团队创新间的调节效用检验

考虑到模型中所有的变量都是团队层面，所以采用多元层次回归分析对 LMX 差异在团队层面 LMX 与团队创新之间所起的调节作用进行验证。具体结果如表 3-3 所示。

表 3-3 LMX 差异对团队 LMX 和团队创新的调节作用检验

变量	团队创新		
	Step1	Step2	Step3
性别	−0.15	−0.13	−0.10
年龄	0.061	0.053	0.059
团队规模	−0.12	−0.10	−0.09

续表

变量	团队创新		
	Step1	Step2	Step3
关系任期	0.14	0.11	0.07
团队水平 LMX		0.31**	0.27*
LMX 差异		0.17	0.13
团队水平 LMX×LMX 差异			0.54**
R^2	0.04	0.32**	0.49**
$\triangle R^2$		0.28**	0.17**

注：* 表示 p<0.05，** 表示 p<0.01。

Step1 将控制变量放入模型当中，得到模型整体的决定系数为 R^2 = 0.04，控制变量对团队创新的作用不显著。Step2 在 Step1 的基础上，将自变量（团队层面 LMX）和调节变量（团队 LMX 差异）同时引入回归方程。模型整体的决定系数为 R^2 = 0.32，大于标准水平，表明该模型具有统计学意义。其中，团队层面 LMX 的回归系数为 0.31，说明其对团队创新预测作用显著。Step3 在 Step2 的基础上引入交互项（团队水平 LMX×LMX 差异）构建回归方程，模型的决定系数为 0.49，高于标准水平。其中，交互项的回归系数为 0.54，表明其对团队创新有显著预测作用。与 Step2 模型相比，Step3 的决定系数有显著增量（ΔR^2 = 0.17），也暗示了新引入的交互项对团队创新的影响显著。综上所述，团队 LMX 差异在团队水平 LMX 与团队创新之间有显著的调节作用，假设 5 得到验证。

团队 LMX 差异对团队水平 LMX 与团队创新调节作用如图 3-2 所示。当团队层面 LMX 水平较高的情况下，团队内部 LMX 差异较大时，团队 LMX 和团队创新之间的关系比差异小时表现得更强烈。当团队层面 LMX 水平较低，团队 LMX 差异较小时团队 LMX 和团队创新之间的关系更强烈。

可见，团队 LMX 差异会强化团队层面 LMX 与团队创新之间的正向关系。其可能的原因是，当团队整体 LMX 水平较高时，较高的差异意味着大部分成员的 LMX 质量较高，只有小部分成员的 LMX 较低。在这种情形下，LMX 较低的成员易于将差异产生的原因归结为自身原因，而非领导者行为，因此，这部分成员可能加强自我学习，努力使自己转化为高 LMX 质量的成员。而具备高 LMX 关系的成员者在这种环境下，也会产生外在压力，努力提高自己，最终对团队创新产生积极的正向影响。相反，若采用低差异的

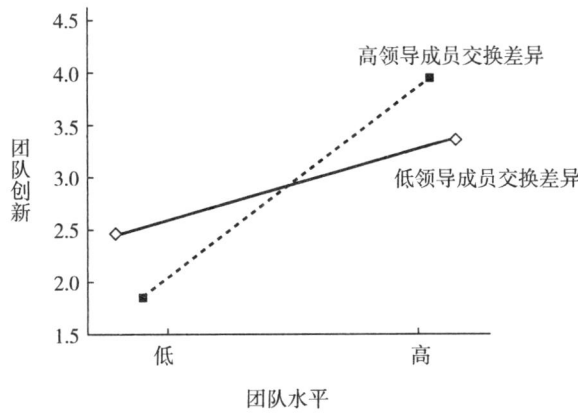

图3-2 LMX差异对团队水平LMX与团队创新的调节效应

领导方式，圈内外成员的差异并不显著，难以形成他们之间相互促进的良性循环，不利于团队创新。当团队LMX整体水平较低时，高差异领导方式会导致团队成员将差异解释为领导者的不公平行为，从而产生消极情绪，影响团队交流与合作，最终制约团队的创新。相比之下，当差异较低时，团队中圈内、圈外的区分不是很清晰，团队成员间的交流更顺畅，成员间冲突和摩擦降低，团队创新绩效提高。

3.5 结论与展望

"领导与创新"一直是组织行为领域探讨的重点，本书尝试从新的视角和情境对它们之间的联系进行阐释。具体来讲，本书以社会交换理论和互惠理论为基础，选择团队层面LMX与团队创新之间的关系为研究焦点，通过中介调节效应模型的构建对他们之间的影响机制进行验证。模型测量统一在团队层面上，研究得到以下结论：①团队层面LMX对团队创新有显著正向影响；②团队层面LMX通过团队合作间接影响团队创新；③团队中LMX差异会增强团队LMX与团队创新之间的正向关系。与同类研究相比，本书从社会交换的视角以及团队层面探讨了领导与创新之间的关系，丰富了相关研究思路，且通过中介与调节效用检验，进一步打开了LMX与其结果变量在高层次影响的"黑箱"。此外，团队层面LMX和差异在西方一些文化环境下有一定的研究结论，如加拿大、英国、澳大利亚，本书将这一问题延伸到中国文化情景下，验证其在中国文化下的有效性。

本书的研究结论对团队内领导实践也有积极意义。首先，本书验证了团队水平 LMX 对团队创新的正向预测作用，在提高团队创新的途径方面为以团队为基础开展活动的企业提供了参考依据。通过增强团队内领导与成员间的交流、合作，创造轻松的工作气氛，最终达到提高团队创新水平，从而提高组织核心竞争力的目的，实现组织可持续发展。其次，本书对企业团队中 LMX 差异的分析为企业内领导方式的选择提供了思考的空间，由于各方面条件限制，领导不可能同每一个下属都有很高质量的交换关系，此时领导既要关注与每个成员的交换关系，更要把握整体上的领导成员交换关系差异水平，根据具体情境选择差异的水平，从而实现对团队的最佳管理。

虽然本书对相关理论和实践提供了有益的启示，但同样也存在一些局限性。第一，横向报告数据的使用。严格来说，本书涉及的一些研究变量需要经过一段时间才能对其他变量产生作用，若采用纵向的时序数据开展实证研究，结论将更有说服力。由于诸多条件限制，本书采用的是横断设计，因此，在未来的研究中，使用纵向数据检验变量之间关系效果将更佳。第二，样本普遍性不够高。样本不是大规模人群中的普遍性概况，因此，未来的研究中，可以扩大样本类型和样本规模，观察不同行业的领导成员关系和团队创新之间的作用机制，以及进行中国文化背景与西方文化背景下同类问题的比较研究。第三，共同方法变异（CMV）的问题。我们对数据进行哈曼单因素检验，针对问卷所有条目做因子分析，在未旋转时得到的第一个主成分，占到的载荷量是 32.3%，并没有占到多数，所以同源偏差并不严重。同时，现有的研究已经显示，CMV 实际上降低了显著交互作用发生的概率。

4

"不同"的艺术：LMX差异与知识型团队工作态度

4.1 引言

领导行为一直是组织行为学家和管理学者们的研究热点。LMX理论作为该领域近30年来最重要的发现之一，打破了以往领导理论如特质理论、风格理论中默认的前提假设（领导会以同样的方式对待团队中的所有人，团队中的成员也会以近乎相同的行为与领导发生交换关系），以一种动态、差异的观点来理解组织中的上下级关系。具体来说，该理论的核心观点是领导会以不同的方式对待不同的下属。在组织中由于时间和精力的限制，领导会按照一定的原则，比如能力、可信任程度、愿意承担工作责任的动机以及下属与自己的相似性等特征对下级加以区分，从而形成"圈内"和"圈外"两种不同的交换关系。"圈内成员"与领导交换关系的质量高（LMX高），他们之间不仅有经济交换还有积极的情感交换。这使得"圈内成员"更容易获得上级的支持和信任，得到更多的权责和自由度，最终获得更好的绩效评价与职业生涯发展；而"圈外成员"与领导交换关系的质量低（LMX低），他们之间以物质交换为主，上下级之间的心理距离较远，表现为一种正式的权利关系。这使得"圈外"成员与领导间交流机会十分有限，成员得到的领导的支持与激励也就随之减少，最终得到较低的绩效评价与较少的晋升机会。

可以看出，现有文献对LMX的质量与成员个人层面的输出之间的关系已经做了充分研究，但是这些研究没有讨论高质量和低质量交换关系共存（即领导成员交换关系差异化）的影响因素、影响效果、内在机制及其作用条件，因此，并未触及领导—成员交换理论的核心内容。根据Li Ma和Qing

Qu（2010）的研究，组织中一部分领导会采用显著差异的方式对待不同下属，另一部分领导采用相对缓和的方式对待下属（即虽然有所区别，但差别不大），这两种不同方式会对成员个人行为和结果产生不同影响。此外，最近发表在 *Ieader Quarterly* 的一篇关于 LMX 的文献综述对未来研究方向进行了展望（Herman H M, Troth A C, Ashkanasy N M, et al, 2018），它指出 LMX 研究要突破现有的内容，延伸到更高的层次上（组织或者团队），其中特别强调了积极探索领导与成员交换关系差异化的前因与结果变量的重要性。因此，针对现有研究中的不足和未来研究的需要，本书关注的焦点是领导成员交换关系差异的结果变量。具体来说，本书将探索领导成员交换关系差异与员工工作态度两者之间的关系。其中，员工的工作态度用情感组织承诺和离职倾向来共同反映。

目前少数的几篇涉及领导成员交换关系差异的文献大多都是将领导成员交换关系差异作为一个调节变量，分析它是如何影响 LMX 与其结果变量之间的关系的。然而，直接将领导成员交换关系差异看作是一个自变量，来探索其与员工输出结果之间关系的很少，其中比较具代表性的是 Hooper 和 Martin（2008）的实证研究。他们探索了领导成员交换关系差异对工作满意度与工作幸福感的影响，结果发现领导成员交换关系差异与工作满意度与工作幸福感之间呈现负相关关系，且团队冲突在它们之间起中介作用。Hooper 和 Martin 的研究一方面解释了领导成员交换关系差异与成员工作态度之间可能的影响机制；另一方面它也暗示了领导成员交换关系差异与成员工作态度之间并不是直接关联，而是存在某种中介作用。但是团队冲突是否是唯一的中介因素？还存在其他中介变量吗？它们又是什么呢？这一系列问题对我们来说仍是未知领域。因此，本书第二个目的就是借助成员之间信任这一变量，证实它在领导成员交换关系差异与成员工作态度之间的中介作用。

此外，正如李怀祖在管理研究方法论中所强调的，管理问题必须重视情景因素，领导成员交换关系差异作为 LMX 质量产生的基础，对它的研究也应如此。目前，随着团队在组织中的广泛应用，知识型团队作为创新源泉在组织中扮演着越来越重要的角色，而领导者行为已经被学者们证实会对知识型团队绩效产生显著影响，因此，本书第三个目的就是将领导成员交换关系差异的相关假设推广到知识团队中，验证其有效性。

综合以上三点，为了对领导成员交换关系差异的结果有更深入的理解，为了进一步丰富领导力的相关理论，本书采用实证研究的方法探讨我国知识工作团队中领导—员工交换差异对团队成员工作态度的影响效果。其中，团队成员工作态度用员工的情感承诺（AC）和离职倾向（Turnover Intentions）来反映的，分别对应工作态度的积极和消极方面。领导成员交换关系差异则参照 Hooper 和 Martin（2008）的研究，用员工所感知到的周围成员（包括自己）与领导所建立关系质量差异的程度来表示。具体来讲，本书认为员工对团队中领导成员交换关系差异的感知与成员的情感承诺负相关，而与成员的离职倾向正相关，且它们之间的关系受到成员间信任的中介作用的影响。

4.2 理论基础与研究假设

4.2.1 领导成员交换关系差异与成员信任

随着团队在组织中广泛的应用，团队成员间的信任（Trust in Teammates）被认为是组织成功的关键要素。现有的文献已经证明成员间信任对团队的工作氛围和工作结果有很强的促进作用：成员间信任水平越高，成员间协作能力越强，越有利于成员角色内外绩效的提高。鉴于成员间信任的重要性，很多学者对其产生机制也展开了研究，其中社会的相似性与开发性沟通便是信任产生的两个重要来源。

社会相似性最早由祖克尔（Zucker）在验证组织信任与控制的关系时提出的，它主要是通过比较组织中其他成员与自己的价值观、偏好以及在组织中的地位等方面的相似性来决定是否给予信任。一般来说，相似性越多，信任度也越高。基于该原理，在知识型团队中成员与领导之间的关系也可以被看作是员工社会性的一部分，如果团队中领导成员交换关系差异大，那么每个员工与其他成员由 LMX 所带来的社会相似性就较小，因此，他们之间产生信任的程度也会相应减少。

开放性沟通作为信任产生的另一个重要来源，最初出现在 McAllister 研究中。后来 Ferres 所作的关于信任的集萃分析也证实了这一点。开放性沟通与领导成员交换关系差异之间的关系虽然没有学者明确指出，但是已有文献却暗示了它们是负相关的。Sias 和 Jablin（1995）研究了团队中差异化的领导—成员交换关系是如何对下属的公平感和相互沟通产生影响的，结果发现领导差异化的对待方式会对成员之间的关系产生负面影响：LMX 相对较低的成员会对 LMX 高的成员产生不信任和不喜欢的情绪，LMX 相对较高成员会对 LMX 较低的成员产生不尊重和排斥的情绪。这两种情绪相互作用会降低成员之间对组织公平的感知并阻碍他们之间的正常沟通。相似地，Sherony 和 Green（2002）探索了成员 LMX 相似性对他们之间交换关系（CWX）的影响，结果显示当两个成员所具有的 LMX 相似程度高时，他们更容易形成融洽的 CWX。

综合以上两点，领导成员交换关系差异可能带来成员之间社会性相似性的减少，并且会阻碍成员之间的沟通，而社会相似性和开放性的沟通又是成员之间产生信任的两个重要前提，因此，本书提出如下假设：

假设 1：成员感知到的团队领导成员交换关系差异与成员间的信任是负相关的。

4.2.2 领导成员交换关系差异与成员的工作态度

组织承诺（OC）作为组织发展动力之一，是组织行为学中的重要概念。早期的学者将组织承诺看作是一个单维度的构念，1990 年 Allen 和 Meyer 在整合前人关于组织承诺单维度研究的基础上，提出了组织承诺的三维度模型，认为组织承诺应包括情感承诺（AC）、持续承诺（CC）和规范承诺（NC）三个维度。该模型由于整合的内容广泛、逻辑清晰、量表完整，得到了较多学者的认同和应用。近些年，随着跨文化研究的推广，Cheng Y Q 和 Stockdale M S（2003）两位学者对 Allen 和 Meyer 组织承诺三维度模型在中国情景中的有效性进行了验证，结果发现员工的工作态度和离职倾向与其情感承诺显著相关，而与持续承诺以及规范承诺的相关度较低。因此，本书选择情感承诺来反映成员工作态度的积极方面。离职倾向作为员工离职行为的重要预测变量，本书选择它来反映成员工作态度的消极方面。

回顾情感承诺与离职倾向的相关文献，不难发现，两者存在很多共同的前因变量，领导者行为就是其中之一。目前学者们已经证实了变革型领导和高质量的 LMX 有助于增强成员的情感承诺，并降低成员的离职倾向。然而，领导成员交换关系差异作为领导行为中的重要组成部分，它与成员情感承诺和离职倾向之间的关系却鲜有研究。Van Breukelen 等（2002）以领导成员交换关系差异作为调节变量，研究了领导成员交换关系差异和 LMX 对成员组织承诺的交互作用，结果发现领导成员交换关系差异对 LMX—OC 之间的正向关系有减缓作用：当团队中领导成员交换关系差异高时，LMX 质量的提高对 OC 增强并不明显，当团队中领导成员交换关系差异较低时，LMX 质量的提高可以显著增强成员的组织承诺水平。Van Breukelen 推测出现这样的结果可能是由于领导成员交换关系差异减弱了成员对领导公平的感知从而减弱了对领导忠诚度和承诺水平。与上面的结论类似，Hooper 和 Martin 研究发现，领导成员交换关系差异会引起团队成员之间冲突的增加，进而对成员的工作满意感和工作幸福感起消极作用。工作满意度与工作幸福感也是描述成员工作态度积极方面的常用变量，它们与成员的情感承诺正相关与离职倾向性负相关。因此，Hooper 和 Martin 的研究同样暗示了领导成员交换关系差异可能会对成员的情感承诺产生消极影响，对离职倾向产生积极影响。

综合以上两点，领导成员交换关系差异可能会增强团队成员之间冲突，减弱成员对组织公平的感知，从而对员工工作态度产生消极影响。此外，由于成员个人 LMX 质量与成员工作态度有密切联系，为了避免它对结果干扰，本书在检验领导成员交换关系差异对成员工作态度的影响时，事先对成员个人 LMX 质量进行控制。因此，本书提出如下假设：

假设 2：成员感知到的团队领导成员交换关系差异与成员间的情感承诺负相关，与成员的离职倾向正相关。

4.2.3 成员之间信任与员工工作态度

与前面讨论的两对联系有所不同，成员间信任与工作态度之间的关系是明确的，并且已经被很多学者证实。Geyskens（1999）探索了成员间信任与相互依赖性对员工承诺的影响，结果表明成员信任与情感承诺和持续承诺之间都是显著正相关的。Spence L（2001）通过对加拿大 421 位护士的实证研究发现：高水平的成员间信任可以带来高水平的情感承诺。因此，本书认为成员间信任对其情感承诺产生积极影响。相似地，根据 Burt 等（2009）的研究，团队中成员间信任水平与成员对风险感知有密切关系：当成员间信任水平高时，员工所感知到来自外部的风险变小，成员自身的安全感增强，这些将显著地减少成员的离职倾向；当成员之间的信任水平较低时，员工所感知到的外部风险升高，为了保证自身安全感，很容易产生离职倾向。Emberland（2010）和 Teng（2007）的研究也得到了一致的结论。因此，本书认为成员间信任对其离职倾向有消极影响。

综合以上两点，成员间信任水平的提高，可以增强成员对组织的嵌入程度和安全感，减弱成员对外部风险的感知，因此，本书提出如下假设：

假设 3：成员间信任与成员的情感承诺正相关，与成员离职倾向负相关。

4.2.4 成员之间信任对领导成员交换关系差异—成员工作态度的中介作用

Christina（2012）等验证了成员间信任对 LMX 与其结果变量的中介效用。但是，目前还没有学者以成员间信任为中介变量来解释领导成员交换关系差异与成员工作态度之间的关系。回顾领导成员交换关系差异相关文献，对于领导成员交换关系差异与其结果变量之间的中介效用的探讨并不多。其中，团队冲突是被明确指出在领导成员交换关系差异与成员工作态度之间起中介效用的变量。根据 Hooper 和 Martin 的研究，领导成员交换关系差异会增强团队成员之间冲突，进而对成员的工作态度产生消极影响。考虑到团队冲突对成员信任之间的负向关系以及以上三个已有假设，本书提出如下假设：

假设 4：成员间信任在领导成员交换关系差异与成员工作态度之间起中介效用。

4.3 研究方法

4.3.1 被试者

本书以北京、天津、山东的 14 家高科技组织中的 49 个知识工作团队的 270 名员工为被试者，发放相关问卷并收集数据。这些团队主要包括研发团队、科研团队以及技术服务团队，团队规模在 3~18 人不等，平均人数为 6.74。问卷的整体回收率达到 84.4%，剔除 2 份无效问卷后，得到有效样本 225 份。被试者中男性占 71.4%。全部员工具有大专以上学历，具有硕士或博士学位占 20%。员工平均年龄为 24.53 岁，与现有上级建立交换关系的平均时间为 3.01 年。

4.3.2 变量的测量

领导成员交换关系（LMX）采用 Graen 和 Uhlbien（1995）所发展的 7 个条目的量表进行测量。Lmx-7 作为测量 LMX 最常用的量表，在本土样本中具有较高的信效度。该量表在本书样本中的内部一致性信度 α 系数为 0.853。成员间信任采用 Dirks（2000）编制的 8 条目量表进行测量，根据本书研究对象的特点，将原量表中用语略作修改，变成"你是否感觉到周围同事……",该量表在本书样本中的内部一致性信度 α 系数为 0.853。对领导与成员之间交换关系差异的测量,本书参照 Hooper 和 Martin 的研究:首先,采用这两位学者所编制 LMX 质量分布量表收集数据;其次,分别计算每位成员所感知到的团队 LMX 质量的整体水平和标准差;最后,通过团队 LMX 质量的整体水平和标准差两者的比值得到变异系数即为每位成员对团队整体领导成员交换关系差异的感知。离职倾向和情感承诺分别采用 McKay (2007) 和 Meyer (1990) 开发的相关测量工具,两者在本书样本中内部一致性信度 α 系数分别为 0.901 和 0.879。除领导成员交换关系差异测量较为特殊外,其余问卷均采用李克特 5 点量表。控制变量主要包括性别、年龄、所在团队规模和加入团队年限(与现有领导建立交换关系的时间)以及个人 LMX 的质量。其中年龄、所在团队规模、加入团队年限以及 LMX 的质量是连续变量,性别需要转换为哑变量进行统计。

4.3.3 研究结果

在确保问卷的可信性和有效性的基础上,本书采用 SPSS 17.0 软件,利用相关关系及多元层次回归分析对研究假设进行验证。

4.3.4 基于相关分析的假设检验

表 4-1 是 LMX 等 9 个变量的均值、标准差及相关系数。与已有研究结果一致,成员个人的 LMX 质量与成员的情感承诺显著正相关 ($r=0.55$, $p<0.01$),与成员的离职倾向显著负相关 ($r=-0.51$, $p<0.01$)。个人感知到的领导成员交换关系差异与成员离职倾向显著正相关 ($r=0.29$, $p<0.05$),与成员间信任 ($r=-0.33$, $p<0.01$)、成员的情感承诺显著负相关 ($r=-0.27$, $p<0.05$),该结论支持文中提出的假设 1 与假设 2。成员间信任与个人的情感承诺 ($r=0.35$, $p<0.01$) 显著正相关,与离职倾向显著负相关 ($r=-0.32$, $p<0.01$),该结论支持假设 3。

表 4-1 各变量的描述性统计及相关关系分析 ($N=225$)

变量	均值	标准差	1	2	3	4	5	6	7	8
1. 性别	0.46	0.54	—							
2. 年龄	24.53	4.32	-0.06	—						
3. 团队规模	6.74	4.61	-0.07	0.08	—					
4. 加入团队年限	3.01	1.04	0.03	0.51***	0.18	—				

续表

变量	均值	标准差	1	2	3	4	5	6	7	8
5. LMX	3.29	0.82	-0.03	0.04	0.17	0.14	—			
6. 差序式领导	0.19	0.12	0.17	-0.14	0.33***	-0.13	-0.29**	—		
7. 成员间信任	2.36	0.93	-0.10	0.15	0.12	-0.14	0.07	-0.33***	—	
8. 情感承诺	2.59	0.84	-0.06	0.14	0.06	-0.15	0.55***	-0.27**	0.35***	—
9. 离职倾向	3.91	0.73	0.19	-0.01	0.08	-0.51***	0.29**	-0.32***	-0.62***	

注：* 代表 $p<0.08$；** 代表 $p<0.05$；*** 代表 $p<0.01$。

4.3.5 基于多元层次回归分析的假设检验

在相关分析的基础上，本书采用层次回归分析方法进一步对相关假设进行验证。具体来讲，根据 Baron 和 Kenny（1980）的建议，中介效用的判断需要满足四个条件，这些条件可以通过一系列的回归分析进行验证。第一，自变量（领导成员交换关系差异）对中介变量（成员间信任）具有显著影响［模型1］；第二，自变量（领导成员交换关系差异）对因变量（情感承诺与离职倾向）具有显著影响［模型2与模型4］；第三，中介变量（成员间信任）对因变量（情感承诺与离职倾向）具有显著影响［模型3与模型5］；第四，当自变量（领导成员交换关系差异）与中介变量（成员间信任）同时进入回归方程解释因变量（情感承诺与离职倾向）时，中介变量的作用［模型2与模型4］显著而且自变量的作用［模型3与模型5］消失或减弱。表4-2为回归分析对应的5个具体模型。

由模型1的结果可知：成员感知到的领导成员交换关系差异对成员间信任具有显著的负向影响（$\beta=-0.38$，$p<0.01$），假设1得到证明。模型2和模型4的结果说明领导成员交换关系差异对成员的情感承诺具有显著的负向影响（$\beta=-0.27$，$p<0.05$），对成员离职倾向具有显著的正向影响（$\beta=0.22$，$p<0.08$），从而假设2得到证明。模型3和模型5的结果表明了成员间信任对成员的情感承诺具有显著的正向影响（$\beta=0.19$，$p<0.08$），对离职倾向具有显著的负向影响（$\beta=-0.23$，$p<0.05$），因此假设3得到证明。比较模型2与模型3，当引入了变量"成员间信任"后，领导成员交换关系差异对成员情感承诺的影响系数变得不显著（$\beta=0.12$，不显著），而成员间信任对情感承诺具有显著的正向影响（$\beta=0.19$，$p<0.08$）。比较模型4与模型5，当引入变量"成员间信任"后，领导成员交换关系差异对成员离职倾向的影响系数变得不显著（$\beta=0.13$，不显著），而成员间信任对离职

倾向具有显著的负向影响（β=-0.23，p<0.05）。因此，综合以上4步分析，假设4得到证明，成员间信任在领导成员交换关系差异与成员工作态度之间起完全中介作用。

表4-2 层次回归分析及标准化后回归系数（$N=225$）

变量	模型1 成员间信任	模型2 情感承诺	模型3 情感承诺	模型4 离职倾向	模型5 离职倾向
性别	0.02	0.04	0.05	0.13	0.13
年龄	0.05	0.05	0.04	0.10	0.12
团队规模	-0.08	-0.09	-0.08	0.11	0.09
加入团队年限	0.17	-0.25**	-0.21	-0.18	-0.17
LMX	0.04	0.48***	0.49***	-0.46***	-0.48***
lMXD	-0.38***	-0.27**	-0.12	0.22*	0.13
成员间信任			0.19*		-0.23**
R^2	0.19	0.38			
F	1.98*	5.72***			
$R^2_{changed}$			0.04		0.05
$F_{changed}$			3.19*		4.58**

注：* 表示 p<0.08，** 表示 p<0.05，*** 表示 p<0.01。

4.4 讨论及结论

本书围绕团队中"领导成员交换关系差异是如何影响成员工作态度"这一主题展开论述，通过对我国高科技组织的知识工作团队的实证研究得到了如下结论：①知识团队中领导成员交换关系差异可以有效地预测成员的工作态度：成员感知到团队中领导成员交换关系差异越大，成员对团队的情感承诺越小，离职的倾向性越强。②知识团队中成员间信任在领导成员交换关系差异与成员工作态度之间起中介作用：团队中领导成员交换关系差异明显，一方面会减小成员之间的社会相似性，阻碍彼此之间的有效沟通；另一方面会降低成员对团队公平的感知，这两方面的因素共同作用使成员间相互信任的程度减少，成员对团队的嵌入性下降，表现出较低的情感承诺和较高的离职倾向。本书的结论与 Van Breukelen 研究中所暗示的推论以及 Hooper 和 Martin 的研究结果是一致的。

与同类研究相比，本书弥补了现有文献对领导成员交换关系差异关注不足的缺陷，以已有的 LMX 研究成果为基础，进一步打开了领导成员交换关系差异对成员工作态度影响的"黑箱"。研究结论丰富了领导力的相关理论，推动了领导成员交换关系差异对成员个人输出的内部机制研究的发展。

此外，本书验证了相关假设在中国情景及知识团队中的有效性，对本土人力资源管理实践具有很强的指导意义。

一方面，知识团队中的领导者应该把握好与下属交换关系整体的差异度。由于知识团队经常负责一些创新要求高、难度大的任务，需要成员之间的密切协作，任何一个成员工作效果的不理想都可能导致项目失败，而成员的工作效果受工作情绪的影响较大，尤其是知识型员工，与一般员工相比他们成就动机更强，更在乎 LMX 质量。所以，当领导与不同成员之间交换关系差异显著时，由此带来的成员负面工作情绪格外明显。

另一方面，团队领导者应该注意团队资源的分配方式。在知识团队中，由于任务要求领导者不可能平均分配资源，必须有所侧重，这会提高成员对领导成员交换关系差异感知，降低成员间信任，从而不利于成员之间知识共享以及组织公民行为产生。对此，团队领导者可以根据资源类型不同实施不同的分配方式：团队中的有形资源（如信息、经费等）按照任务要求与成员之间的能力和职责来分配，团队中的无形资源（如尊重、信任等）应该按照平等的原则来分配给所有成员。这样既可以有效减少因资源分配不均所带来的领导成员交换关系差异，又可以保证团队任务的顺利完成。

尽管如此，由于各种主客观原因的限制，在研究过程中本书尚存在一些局限之处，在后续研究中需要进一步完善。首先，领导成员交换关系差异通过成员间信任影响成员工作态度，这一中介作用的过程包含一定的时间效应。然而本书属于横断面研究，调查问卷是在同一时间获取的，没有考虑该效应的影响，因此，今后的研究可以采用有时间跨度的纵向研究。其次，本书仅通过成员间信任探索了领导成员交换关系差异与个人输出变量之间的中介效应，并没有检验可能情景因素对两者之间关系的调节作用。Erdogan 和 Bauer（2010）指出领导成员交换关系差异与个人输出变量之间的影响并非总是一致的，其中可能缺少对必要情景因素的检验。类似地，Hooper 和 Martin 也指出一些人口统计学变量可能会对领导成员交换关系差异与成员反映之间起调节作用。因此，虽然情景因素的调节效应在本书中没有显现出来，但今后研究可以进一步探索从而使本书模型更加完善。

员工管理篇
——洞察知识型团队成员的心理和行为规律

新生代知识型员工是企业重要的创新资源,团队成员之间的协作、信任和稳定是构建高绩效知识型团队的基础。某一个团队成员的离开,很可能会引发一系列的连锁反应和蝴蝶效应,给知识型团队造成毁灭性的打击。然而,新生代知识型员工的高离职和高流动是困扰高绩效知识型团队建设的常见问题。对于这个问题,不少人将其归结为新生代员工的性格问题,认为他们过于"任性""矫情";也有人认为是企业管理出现了问题,在企业文化、领导方面等不能与时俱进。那么,新生代知识型员工离职背后的逻辑是怎样的,他们内心的领导方式偏好是怎样的,如何成为他们内心真正认可的"人物",这是本部分研究的关键问题。

5 新生代知识型员工离职倾向影响因素

5.1 问题的提出

近年来，随着信息技术席卷全球以及中国政府鼓励创业的政策导向，互联网创业公司在中国呈现出蓬勃发展的趋势，成为当前中国经济结构中最活跃的因素，并且扮演着推动经济转型主力军的角色。与传统大型企业资源导向的发展模式不同，互联网创业公司属于知识密集型企业，主要依靠创新驱动获取竞争优势。基于这个特点，作为新知识和创造力双重载体的新生代知识型员工对互联网创业公司的作用日益凸显，成为诸多互联网创业公司成长壮大中不可或缺的宝贵资源。新生代知识型员工群体出生于20世纪80年代以后，其成长过程中受到东西方思想文化的双重影响：一方面，文化融合改变了他们的思维方式，他们在处理各类问题时，不愿意循规蹈矩，展现出丰富的创造力；另一方面，他们对新生事物具有好奇心且接受速度快，新知识和新技术在其智力资本中所占比重较大。新生代员工的创新"基因"为互联网创业公司发展提供必要的"养分"，但其鲜明的个性和行为特征也造成了较低的职场稳定性，集中表现在两个方面：一是主动离职率高。据前程无忧网2013年调查显示，新生代员工在一家单位供职时间高于3年的仅占32.7%，工作1~3年的占47.6%，未满1年的占19.7%，大部分处于频繁跳槽的状态，而且互联网企业主动离职率明显高于制造业等传统行业。二是离职突然性大，"裸辞"和"闪辞"现象普遍。新生代知识型员工这种频繁且突发的主动离职行为对于创业阶段的互联网企业来说伤害尤其突出，它不仅扰乱创业团队的凝聚力，增加企业运营成本，还容易引发离职连锁反应，导致创业项目流产。此外，人员流动性高还增加了核心技术泄露的风险。因此，如何减少新生代知识型员工过高的离职率，保证创业核心力量，成为诸多互联网创业公司亟待解决的问题，也成为学者们关注的焦点。

对于这一问题的探索,学者们通过对离职倾向影响因素的分析,提出对应管理策略。然而,已有文献围绕新生代知识型员工离职倾向的研究并不丰富,少量相关文献探索的前因也相对零散,且以创业公司为对象的针对性研究更加缺乏。从实践上来说,一些创业公司虽然尝试采用不同管理实践降低新生代员工离职,但是由于缺乏理论参考,效果并不理想。鉴于此,本书选择互联网创业公司的新生代知识型员工作为研究对象,通过大样本的实证研究,系统揭示影响该群体离职倾向的相关因素以及不同因素的影响程度,并在此基础上提出相应干预策略,促进互联网创业企业的持续健康成长。

5.2 文献回顾

5.2.1 国外相关研究

离职倾向是员工个体经历了不满意之后,想要离开组织的态度和意向。作为实际离职行为前的最后一个步骤,它被认为是预测离职行为的最佳变量。国外学者较早展开了对离职倾向影响因素的探索,截止到目前,研究过程分成3个阶段:早期研究关注宏观层面因素,如劳动力市场的就业水平、经济结构以及社会形态等,而后延伸到组织和个人层面,代表性模型有 Simon-Price 工作满意度—离职关系模型、Armold 的个人认知离职决策模型、Sheridan 的尖峰突变模型以及 Lee 的映像理论展开模型等。近年来,学者们尝试从整合视角,系统地揭示离职倾向的影响因素,如 Muchinsky 的工作关系—经济机会—个人的三维解释模型、Lambert 的工作满意度—内外部环境—个体差异的解释模型等,其中影响力最大的是 Price-Mueller 模型,该模型总结以往大量实证结论,从环境、个体、结构和过程 4 个维度解释员工离职的心理变化过程。在离职倾向研究框架确定以后,学者们开始就不同特征群体展开针对性研究,在知识性员工(Knowledge Worker)和新生代员工(Y-generation)的离职倾向是探索的两个重要方向。知识型员工离职倾向的探索方面,Hofaidhllaoui M 和 Chhinzer N(2014)拓展了已有离职倾向模型,探索了工作满意度和领导满意度对美国知识型员工离职倾向的负向影响,以及领导支持和外部就业机会在两者关系之间的调节效应;Bhatnagar J

(2014)以印度知识型员工作为研究对象,构建多层面模型,发现领导支持、心理契约、物质和非物质奖励是影响知识型员工离职倾向的3个主要因素;Huang T P(2011)比较了日本知识型员工和蓝领工人离职倾向的差异,发现工作特质激励是预测知识型员工离职倾向的主要变量,而蓝领工人更加关注工作满意度。国外的新生代员工被称为Y-generation Employee,部分学者也对其离职倾向进行了分析。Brown E A 等(2015)对美国服务行业新生代员工的离职倾向进行了实证研究,结果发现长时间加班(21.30%)、家庭工作不平衡(18.00%)和收入因素(14.80%)是影响离职行为的3个主要因素;Kultalahti S 和 Viitala R(2015)采用移情故事的方法(Method of Empathy-based Stories)在社交媒体 Facebook 上收集相关数据,挖掘了6个激发西方新生代员工离职倾向的因素,分别是工作中持续学习、挑战性的工作、多样化的人物、主管的行为、灵活的时间以及工作生活平衡,其中与时间和个人能力提升相关的因素显著性较高。Guillot-Soulez C 和 Soulez S(2015)则分析了法国年青一代员工对未来工作的偏好和期望,发现工作安全感和轻松的工作环境是他们最关注的两个因素。

5.2.2 国内相关研究

国内对离职倾向的研究相对滞后于国外,但研究历程与国外相似。早期学者们关注的重点在于利用本土数据验证国外离职倾向动因模型在中国组织情境中的适用性,而后转为关注具体群体的离职倾向差异。以知识型员工和新生代员工为对象的研究在已有文献中都有所涉及,如李绪红和徐文(2009)探索了制度化社会化策略和任职时间对知识型员工离职倾向的影响;兰玉杰和张晨露(2015)研究了工作满意度不同维度与新生代员工离职倾向的关系,结果显示工作本身和领导满意度低是导致该群体离职的重要诱因。近年来部分学者开始尝试探索新生代知识型员工的离职问题,但成果并不丰富,在中国知网搜索对应关键词,结果不超过10项。其中较为系统的研究有:赵文莉(2010)以210名民营企业新生代知识型员工为样本,分析其离职影响因素,结果显示晋升机会、薪酬福利待遇、企业经营管理、人际关系、企业文化、工作单调性、工作压力、培训机会、工作条件是引发该群体流动的9项成因,且它们的影响力依次减弱;杨晓璐(2012)利用改进的 Price-Muller 模型,得到了14个因素构成的离职倾向动因模型,并根据不同的因素提出了相应的管理策略,以山西3家企业为对象进行案例研究,验证有效性及实用性;刘畅(2014)从工作、领导者和企业3个方面识别了8个影响新生代知识型员工忠诚度的因素，分别为工作内容和薪酬、领导者能力和风格、企业形象、制度、人际关系和环境。

5.2.3 国内外评述

综合国内外已有文献，离职倾向概念提出时间较早，但是其影响因素的探索一直没有停滞，由于社会文化的变迁、劳动力结构的变化，离职倾向的动因也在发生着变化。概括来说，新生代知识型员工离职意向的形成源于两方面因素：一是员工自身的人格特质因素，如个性突出、价值观多元化等。二是其他外部因素，比如工作设置、组织支持等。这两类因素对离职倾向的作用有所不同。其中，个体特质因素是基础，它与周围情境因素相互作用，导致个体离职倾向的产生。因此，已有文献普遍将新生代知识型员工独特的个人特质作为前提假设，站在管理者的视角，挖掘哪些外部因素会影响离职意向，并发现提升该群体管理的有效性途径。从内容和深度来看，国外针对性研究不多，这与不同国家间经济和社会发展情况有一定的关联，但是国外学者提出的离职倾向动因模型还是为本书的研究开展提供了重要的理论依据。国内近几年对新生代知识型员工的关注越来越多，对其离职倾向的探索也有了一定程度的积累，但仍存在一些不足：第一，对于创业企业关注不足。不同行业环境下，离职倾向因素的内容和重要性都可能存在差异，而已有文献仅涉及了处于发展成熟期的民营企业和国企，缺乏以创业初期的公司为对象展开的研究。第二，研究框架受国外模型限制较大，系统地探索离职倾向的实证研究少。已有研究多应用国外成熟模型识别离职倾向的相关因素，忽略文化差异，研究方法以定性和案例居多，缺乏深入的实证分析。综上所述，本书选择互联网创业公司作为研究焦点，参照已有研究思路，以新生代知识型员工独特的人格作为切入点，借助大样本数据进行实证研究，辨识哪些因素影响该群体离职意向及不同因素的影响强度。

5.3 研究方法

5.3.1 基于整合视角的离职倾向影响因素分析

为了更加系统地揭示新生代知识型员工的离职倾向，本书采用整合研究视角，综合了国外关于知识型员工和新生代员工离职倾向的相关研究以及国内学者关于新生代知识型员工离职因素的探索成果，从工作特征、组织特征、群体特征、个体特征、环境影响5个方面构建研究框架，识别触发该群体离职倾向的28个潜在因素，其中识别维度与具体因素以及与离职倾向的对应关系如表5-1所示，所有影响因素均来自于已有文献。

表5-1 新生代知识员工离职倾向影响因素的整合框架

维度	影响因素	与离职倾向关系	主要文献来源
工作相关因素	工作条件	+	留岚兰（2005）；赵文莉（2010）Price-Mueller 模型；Guillot-Soulez C & Soulez S（2015）；Kultalahti S & Viitala R（2015）
	工作强度	+	
	工作的丰富化	+	
	工作的挑战性	+	
	工作方式的自主性	+	
	工作时间的灵活性	+	
组织相关因素	薪水水平	+	李绪红，徐文（2009）；叶泽川，欧阳敏（2015）；Price-Mueller 模型；Bhatnagar J（2014）；刘畅（2014）
	福利水平	+	
	报酬增长	+	
	职业能力发展	+	
	合理的奖励体系	+	
	晋升机会	+	
	组织的社会形象	+	
	组织的发展前景	+	
	组织的价值观	+	
	组织支持	+	
	组织公平	+	
	组织文化	+	
群体相关因素	领导风格偏好	+	Hofaidhllaoui & Chhinzer（2014）；倪渊（2013）；许爱君（2014）
	领导—成员交换关系	+	
	同事关系	+	
个体相关因素	个体的工作兴趣	+	宫淑燕（2015）；Price-Mueller 模型
	个体的工作能力	+	
	个体的工作绩效	+	
	个体的自我认同	+	

续表

维度	影响因素	与离职倾向关系	主要文献来源
环境相关因素	工作家庭冲突	-	Price-Mueller 模型；杨晓璐（2012）；陈忠卫等（2014）
	外部工作机会	-	
	亲属责任	-	

注："+"表示正向影响；"-"表示负向影响。

5.3.2 正式问卷形成与数据收集

本书采用问卷调研方式收集数据进行实证研究，初始调研问卷包括3部分内容：一是被试者的基本情况，询问被试者是否从事知识相关的脑力劳动并收集人口统计学相关信息，涉及性别、年龄、受教育程度和婚姻状况4方面内容。二是离职影响因素的测量量表。该量表以"新生代知识员工离职倾向影响因素的整合框架"为基础改编得到，每个因素改编1个题项，共28个题项，用于了解被试在工作、组织、个体、群体以及环境5方面的具体情况。题项语言描述如下，比如"工作时间的灵活性"对应题项为"您在工作中可以选择自己认为合适的工作方式""职业能力发展"对应的题项为"您认为公司提供的学习和深造机会如何"。三是离职倾向的测量量表。参考相关研究，该变量测量采用 Arnold 和 Davey（1999）开发的相关量表，包括3个题项"您觉得自己的企业没有期待中的那么好""您最近经常有换个工作的想法""您认为自己可以很容易地找到新工作"。综合两部分量表形成"新生代知识型员工离职倾向影响因素调研问卷"，总共包含有31个题项，题项均采用李克特5级量表，要求被试者根据自身符合条件程度进行判断，判断标准从5到1分别对应"很好""较好""一般""较差""很差"。

为了提高数据质量，本书在问卷大规模发放之前，选择了2位相关领域专家对问卷结构、内容等方面进行了咨询和修正，并借助"微信朋友圈"找寻了10位新生代知识型员工进行了小范围试测，对题项表述进行部分调整，从而形成正式的调研问卷。为了保证足够的数据规模，本书采用了网上问卷调查的方式，一方面联系北京中关村管委会，由其协助完成对园区内互联网创业企业的问卷宣传及发放工作；另一方面充分利用本校 MBA 以及往届毕业生等校友资源，由他们协助完成其所在单位调研问卷的宣传工作。最终调研对象涉及北京中关村的31家、上海地区的13家，以及其他地区的27家互联网创业公司，共计发放问卷539份，回收有效问卷386份，有效问卷样本情况如表5-2所示。

表 5-2 有效样本的描述性统计

项目	细分条目	比例（%）
受教育程度	本科以下	9
	本科	42
	硕士	33
	博士	16
婚姻状况	未婚	73
	已婚	27
性别	男	84
	女	16
年龄	80 后	27
	85 后	33
	90 后	28
	95 后	12
工作时间	1 年以下	38
	1~3 年	42
	3 年以上	20

5.4 数据分析及结果

5.4.1 量表的效度检验

由于本书采用的"离职影响因素的测量量表"并非成熟量表，需要对其结构效度进行验证。根据"离职影响因素的测量量表"收集的相关数据，借助 SPSS 19.0 对 28 个潜在影响因素进行探索性因子分析，明晰影响因素的结构。首先，进行 KMO 值和 Bartlett 球形检验：KMO 值为 0.772（大于 0.7），Bartlett 球形检验卡方值为 941.873，检验显著水平 p 值为 0，小于 0.001，说明量表中变量的相关程度比较高，可以进行因子分析。其次，采用主成分分析法提取因子，应用极大方差法进行旋转，且要求特征值大于 1，旋转后因子载荷矩阵如表 5-3 所示。在 28 个潜在影响因素中，工作条件、工作强度、组织的社会形象和亲情责任在各个因子上负载都不高，未超过0.5，无法归于任何一类因子，因此予以删除。其余24个影响因素按照其在不同因子上的负载分布情况（见表5-3）。归结得到7个因子，累计方差解释达到72.208%。

根据因子对应影响因素内容的不同，本书对7个因子进行了重新命名，其中因子1命名为工作特征偏好，对应5个因素，反映的是组织在工作设置方面的特点与新生代知识型员工匹配的情况；因子2命名为投入回报，对应4个因素，描述了组织对于员工工作努力做出的物质补偿情况；因子3命名为组织适应性，对应4个因素，描述了个体与组织特点的匹配情况；因子4命名为群体互动效果，对应3个因素，反映员工个体与周围的同事和领导交流和互动的情况；因子5命名成就动机满足，对应的3个因素都与员工个人未来的成长与发展相关；因子6命名为个体胜任力，对应的3个因素都反映了个体能否出色地适应并完成相关工作；因子7命名为外部环境，对应的2个因素反映了家庭及行业等外部因素对员工的影响。

表5-3 旋转后的因子载荷矩阵

影响因素	因子						
	1	2	3	4	5	6	7
个体的工作兴趣	0.775						
工作的丰富化	0.768						
工作的挑战性	0.759						
工作方式的自主性	0.750						
工作时间的灵活性	0.642						
薪水水平		0.801					
福利水平		0.615					
报酬增长		0.609					
合理的奖励体系		0.582					
组织的价值观			0.788				
组织支持			0.749				
组织公平			0.687				
组织氛围			0.597				
领导风格偏好				0.770			
领导—成员交换关系				0.668			
同事关系				0.607			
晋升机会					0.736		
组织的发展前景					0.728		

续表

影响因素	因子						
	1	2	3	4	5	6	7
职业能力发展					0.712		
个体的工作能力						0.721	
个体的自我认同						0.625	
个体的工作绩效						0.554	
工作家庭冲突							0.738
外部工作机会							0.624

接下来，对于因子分析后的测量模型，用 AMOS 21.0 进行 1 阶和 2 阶验证性因子分析，结果显示，模型的拟合指数为：$\chi^2/df = 1.121$，小于一般认定的临界值 3；RMSEA = 0.027，低于 0.08 的临界要求；GFI = 0.915，NFI = 0.927，CFI = 0.983，均大于 0.9 的最低水平，表明测量模型拟合良好。由图 5-1 可以看出：新生代知识型员工离职倾向的测量模型是一个 1 阶 7 维度结构，包括工作特征匹配、投入回报、组织适应性、群体互动效果、成就需要满足、个体胜任力以及外部环境 7 个影响因子。

5.4.2 信度检验

接下来，对前面提取的 7 个因子对应的影响因素分别进行信度检验，具体结果如表 5-4 所示，各项因子对应题项的内部一致性 α 系数以及该量表整体的内部一致性 α 系数均高于 0.7，表明量表具有较高的稳定性和可信度。与上述分析类似，对于"离职倾向"量表的相关数据，同样采用 SPSS 19.0 对其信度进行检验，结果显示该量表的内部一致性 α 系数为 0.921，符合标准。

表 5-4 信度分析

因子	内部一致性 α 系数	
工作自身匹配	0.849	
付出回报	0.819	
组织适应性	0.748	
群体互动效果	0.832	0.873
成就动机满足	0.914	
个体胜任力	0.786	
外部环境	0.798	

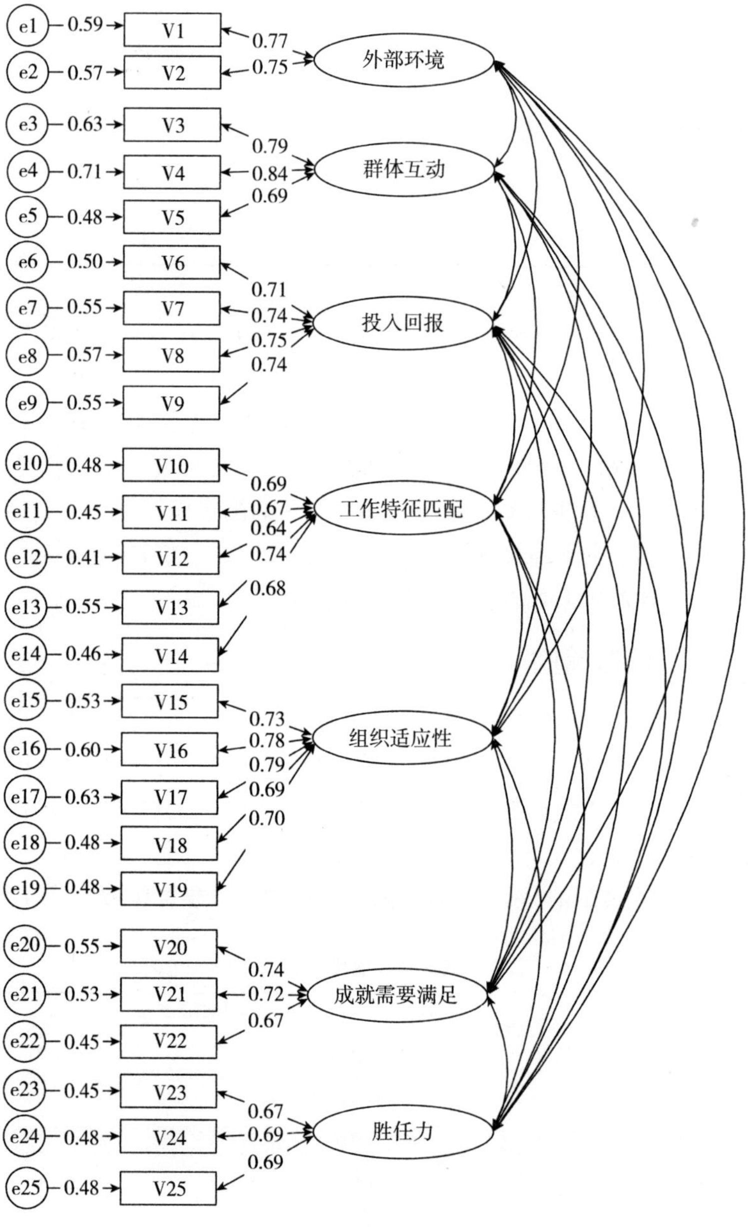

图 5-1 离职倾向影响因素测量模型的验证性因子分析

5.4.3 影响因素对离职倾向的作用机制

(1) 描述统计及相关性分析。为了明确各因子与离职倾向之间是否存在关系，本书首先对影响因子进行了描述性统计，其次对影响因子与离职倾向进行了相关性分析，结果如表5-5所示。第一，离职倾向的均值为3.18，标准差为0.634，说明新生代知识型员工普遍存在一定的离职意愿，这与目前创业公司面临的困境是相一致的。第二，所有因子与离职倾向都存在显著相关关系，外部环境因子与离职倾向正相关，其余因子与离职倾向负相关。其中，投入回报、组织适应性、群体互动效果以及成就动机满足4个因子与离职倾向相关性较强，显著性水平为0.01，外部环境、工作自身特征、个体胜任力与离职倾向相关性一般，显著性水平为0.05。

表5-5 均值、方差及相关性分析

因子	均值	标准差	皮尔逊相关系数	p值
工作自身特征	3.07	0.712	-0.258*	0.021
投入回报	3.95	0.711	-0.443**	0.000
组织适应性	3.69	0.745	-0.368**	0.001
群体互动效果	3.66	0.689	-0.365**	0.001
成就动机	4.08	0.671	-0.464**	0.000
个体胜任力	2.98	0.748	-0.233*	0.038
外部环境	3.50	0.639	0.279*	0.012
离职倾向	3.18	0.634	—	—

注：** 表示 p<0.01；* 表示 p<0.05；样本量 $N=386$。

(2) 影响路径分析。第一步，构建结构方程模型。由于本书提出的整合模型涉及多个自变量与因变量之间的关系，因此，本书采用结构方程模型法（Structural Equation Modeling，SEM）揭示不同影响因子与新生代知识型员工离职倾向之间的影响路径及强度，具体操作过程借助 Amos 21.0 软件来完成，结果如图5-2所示。第二步，模型拟合度检验。该模型的各项拟合指标如下：$\chi^2/df = 1.632$，RMR = 0.086，RMSEA = 0.078，GFI = 0.908，AGFI = 0.914，CFI = 0.914，NFI = 0.901，IFI = 0.918。拟合结果显示各项拟合指标均达到理想数值要求，整合模型的拟合度比较理想。第三步，影响路径效果分析。表5-6是影响因子对离职倾向的作用强度与显著性检验情况。路径分析结果与相关分析保持一致,具体情况如下:新生代知识型员工的成就需要满足、投入回报、组织适应性以及群体互动效果对离职倾向影响的标准化路径系数在 0.01 水平上显著（p<0.01）,系数分别为 -0.557、-0.513、-0.323、-0.319。表明这 4 个因素对离职倾向的负向影响作用较大,且作用强度依次降低。外部环境、工作特征偏好和胜任力对离职倾向影响的标准化路径系数在 0.05 水平上显著（p<0.05）,系数分别为 0.274、-0.243、-0.215。表明这 3 个因素对离职倾向具有一般程度的影响,且作用强度依次递减,但是 3 个因素的作用方向不同。

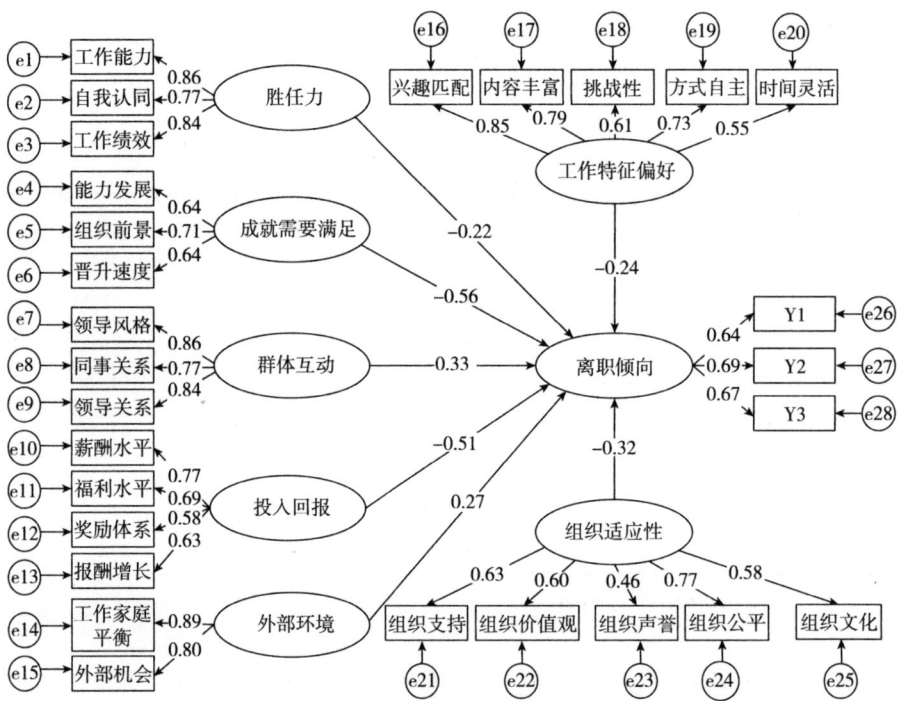

图 5-2　基于 SEM 的离职倾向影响路径

表 5-6　离职倾向影响因素的路径系数

序号	假设路径结果	标准化路径系数	临界比值	p 值
1	胜任力→离职倾向	-0.215	-2.014	*
2	成就需要满足→离职倾向	-0.557	-3.602	**
3	群体互动效果→离职倾向	-0.319	-2.537	**
4	投入回报→离职倾向	-0.513	-3.343	**

续表

序号	假设路径结果	标准化路径系数	临界比值	p 值
5	外部环境→离职倾向	0.274	2.358	*
6	组织适应性→离职倾向	-0.323	-2.504	**
7	工作特征偏好→离职倾向	-0.243	-2.172	*

注：** 表示 p<0.01； * 表示 p<0.05。

5.5 结论与讨论

在当前中国创新创业如火如荼的大背景下，本章聚焦于互联网创业公司普遍面临的新生代知识型员工大量频繁流动问题，基于整合视角和大样本的实证研究挖掘哪些因素会激发新生代员工产生流动意向以及不同因素对新生代知识型员工流动的影响程度差异，具体研究结论如下：第一，采用验证性和探索性因子分析，揭示了互联网创业公司中新生代知识型员工离职意向的产生主要来源于 7 大类因素，分别为：工作特征匹配、投入回报、组织适应性、群体互动效果、成就动机满足、个体胜任力以及外部环境压力。其中，前六个因素的因子得分越高，离职动机越小；而最后一个因素的得分越高，离职动机越大。第二，采用相关分析和结构方程模型方法，揭示了不同因素对新生代知识型员工流动的影响程度差异，按照影响强度大小依次为：成就需要满足、投入回报、组织适应性以及群体互动效果、外部环境、工作特征和胜任力。本书主要从两个方面对已有研究成果进行补充：①开发了新生代知识型员工这一特殊群体的离职倾向影响因素测量模型，在明晰该群体离职意向影响因素结构的同时，减少了直接使用经典离职倾向模式可能产生的测量偏差，在一定内容上拓展了离职倾向的相关理论，同时也是对本土化管理理论的一种补充。②从整合视角探索新生代知识型员工群体的离职倾向，系统地描绘了离职倾向产生的路径图，弥补了已有研究结论相对零散的缺点，为学者们进一步探索该群体离职倾向动因模型、探索中介和调节效应奠定了基础。

本书的研究结论对组织管理实践也有一定的指导意义：①有助于互联网公司的创业者认识到新生代知识型员工离职成因的复杂性。根据本书的研究结果，新生代知识型员工的离职动机受 7 种因素影响，动机结构比知识型员工和新生代员工两个群体都要复杂。这可能是因为新生代知识型员工群体更像是两个群体的交集，有更加复杂的人格特质。因此，作为公司的创业者来讲，在关注业务发展的同时，也应该留有足够精力关心核心群体的各种诉求，保证他们能够长期为组织发展贡献力量。②有助于纠正创业者和管理者对于员工离职成因的错误归因。由于新生代知识型员工独特的人格特质，诸多企业管理者习惯性地将该群体员工离职归因于外部"诱惑"太强，但是本章结论显示，内部因素（平均路径系数＝0.27，平均相关系数0.279）而非外部因素（平均路径系数的绝对值＝0.36，平均相关系数绝对值＝0.355）是影响新生代知识型员工群体离职的真正原因。因此，创业公司管理者要破解当前困境，应该注重修炼好"内功"，完善与离职倾向相关的各项企业制度，并通过一系列的干预策略减少该群体的离职意愿，比如在培训方面尽量多地为新生代知识型员工提供机会，不要担心人力资本投资成本可能"打水漂"，让他们尽量多地接触新的思想和方法会有助于增强他们的职业稳定性。③互联网公司在创业阶段其各项资源都受到一定限制，要想利用有限资源解决新生代知识型员工离职率高的问题，就必须抓住主要矛盾，即本章发现的影响强度较高的四个因子（p值在0.01的显著性水平上显著），分别为成就动机满足、投入回报、组织适应性、群体互动效果。成就动机满足反映员工的高成就需要、投入回报反映员工的高物质需要、而组织适应性和群体互动效果则反映员工的高情感需要。因此，如果互联网创业公司对该群体这三方面的诉求都不能很好地满足，那么外部的压力和机会就会产生作用，引发员工的离职意愿。

　　本书尽管对现有理论与实践做出了一些贡献，但仍然存在一些局限。第一，数据问题。本章采用自报横截面数据，虽然是从多个来源收集得到，但同源误差（CMV）仍然是影响本章结果的一个潜在问题。未来研究可以采用纵向数据重复我们的研究过程，进一步检验本章结论的有效性。第二，机制探索问题，本章的研究主要探索了离职倾向的影响因素结果和不同因子的影响强度，对于它们之间的中介和调节效应进行了深入讨论，未来研究可以进一步对这两个问题展开讨论，形成完整的该群体离职倾向动因模型。第三，变量有限问题。本章基于整合视角探索离职倾向的外部影响因素，所有变量均来自已有文献的梳理和总结，但是对新生代知识型员工人格特质方面关注不足，未来研究可以从更加全面的视角构建影响因素体系，并进一步比较内外因素的影响强度。

6 新生代知识型员工的内隐领导原型与管理策略

6.1 问题的提出

随着组织成员的新老交替,"90后"员工逐步迈入职场,成为一股不可忽视的新生力量,尤其在互联网创业企业中,作为新思维和创造力双重载体的"90后"员工成为诸多互联网创业公司成长壮大中不可或缺的宝贵资源。然而,"90后"员工的创新"基因"在为互联网创业公司发展提供必要"养分"的同时,也引发了一系列的管理问题,比如他们强调自我意识和实用主义,主动离职行为和情绪化劳动出现的频率较高等。因此,"90后"员工就像一把"双刃剑",如果管理得当,他们可以成为组织攻城拔寨的利器,如果管理不当,他们也可能给组织带来负面影响,例如,破坏团队协作,增加管理成本,造成核心员工离职,甚至伴随离职造成创业项目的核心思想或技术外泄而导致项目流产等更严重的问题。因此,对于互联网创业企业而言,"90后"员工的管理问题尤为突出。

长期以来,"领导"一直被看作是解决"员工管理"问题的关键。智联招聘的一项调查数据显示,85%的"90后"员工认为"难以接受的领导行为和方式是导致其离职和工作投入度低的最直接原因"。当前我国各类组织的中高层领导者仍以"60后""70后"为主,由于成长环境的不同,他们对"好领导"的认知与"90后"员工存在明显差异,这也导致其行为难以对新生代员工产生有效影响力。可见,要想破解当前新生代员工管理难的问题,唯有实现领导模式与"90后"员工认知的有机融合。基于此,本章以"90后"员工作为研究对象,并围绕"90后"员工领导特质偏好这一核心问题在北京地区互联网创业企业中展开调查研究,以期为互联网创业企

业 "90 后" 员工的领导问题提供有益指导。

6.2 研究方法及抽样

本章采用问卷调研方式收集数据进行实证研究，为构建"90后"员工偏好的领导特质结构模型，首先需要一份科学合理的调查问卷。基于此，本章参照卢会志（2008）课题组编制的《领导有效性特质调查问卷》，该问卷是卢会志等在 Offermann、凌文辁、林琼等编写的调查量表的基础上考虑了中国人领导概念中的独特因素，增加了"品德因素"后形成的调研量表。该量表包括"品德因素、人际敏感性因素、工作感召力因素、工作内驱力因素、智力因素、吸引力因素、专制因素、男性化因素"的 8 个因素 51 个项目。本书选择该量表作为基础调研量表基于三方面因素考虑：一是卢会志等基于内隐领导理论构建领导特质模型与本章从"90后"员工视角构建领导特质模型的出发点是一致的，都是从追随者的视角探讨理想的领导特质原型；二是卢会志等的量表已经经过科学严密的验证过程，有较高的科学性；三是该量表是近年开发的较新的量表，时效性较好。同时，考虑到问卷的长度，答卷者情绪对数据结果的影响，因此，本章按照常规的问卷设计，对领导特质的评定采用 7 等级计分法。选取北京市互联网创业企业"90后"员工作为调查对象，员工群体样本结构如表6-1所示。共发放员工问卷 565 份，剔除填答不完整和不合格以及不隶属此次调查对象范围的问卷，回收有效问卷 411 份，有效回收率 73.09%。问卷数据统计分析采用 SPSS 19.0 软件统计。

表 6-1 "90 后"员工群体样本结构

统计项目	统计特征	比例（%）
性别	男	58.17
	女	41.83
出生年份	1980~1985	35.62
	1986~1990	26.07
	1991~1995	22.54
	其他	15.77

续表

统计项目	统计特征	比例（%）
成长环境	城市	44.63
	城镇	31.02
	农村	24.35
学历	博士	0
	硕士	18.91
	本科	45.54
	专科	22.86
	其他	12.69
岗位类别	市场类	19.63
	技术类	27.21
	制造类	21.53
	行政支持和服务类	19.43
	其他	12.20

6.3 实证研究

6.3.1 领导特质偏好的探索性因子分析

基于卢会志（2008）的问卷展开调研，对调研数据进行项目分析，剔除项目分析中 CITC 值小于 0.5 的项目 8 项，对剩下的 43 个项目进行探索性因子分析，采用主成分分析法，用正交极大法旋转，以 0.40 负荷量作为取舍点，共提取特征根大于 1 的因素 4 个，其对总方差的累计贡献率为 73.15%。第 4 个因素以后，坡线较平坦，因而可以保留 4 个因素。经过项目分析和因子载值取舍后，"90 后"员工领导特质项目保留 34 项指标，提取因子后进行命名，得到以下因素（见表6-2）：

因素一（F1）共 15 个特质项目，因主要与 "90 后" 员工期望未来直接领导拥有的良好个人品德相关，故命名为 "领导个人品德"。具体包括仁慈、乐于助人、宽容、廉洁、善解人意、处事公平、热心、真诚、信任他人、敢于负责、诚实、正直、积极、有同情心、言行一致。因素二（F2）共 11 个特质项目，因主要与领导者个人具备的强大个人魅力，鼓舞追随者制定更高前进目标相关，故命名为"领导感召力"。具体包括有主见、有才智、精力充沛、勤奋、明智、受过良好教育、鼓舞人心、专心致志、有号召力、充满激情、目标明确。因素三（F3）共有 5 个特质项目，主要反映领导在工作过程中的行为作风具有专制的一面，命名为"领导个人专制力"。具体包括善于说服、冒险精神、有霸气、精明、严厉。因素四（F4）命名为领导外在吸引力。主要指领导的外在装扮、表现等对追随者的好的或坏的影响。具体包括穿着考究、时髦、有风度。

表 6-2　旋转后因子载荷矩阵

条目	因素			
	F1	F2	F3	F4
仁慈	0.773			
乐于助人	0.746			
宽容	0.743			
廉洁	0.742			
善解人意	0.740			
处事公平	0.714			
热心	0.678			
真诚	0.670			
信任他人	0.661			
敢于负责	0.660			
诚实	0.654			
正直	0.634			
积极	0.630			
有同情心	0.615			
言行一致	0.564			
有主见		0.774		
有才智		0.744		
精力充沛		0.743		
勤奋		0.676		
明智		0.651		
受过良好教育		0.618		
鼓舞人心		0.597		

续表

条目	因素			
	F1	F2	F3	F4
专心致志		0.589		
有号召力		0.587		
充满激情		0.571		
目标明确		0.569		
严厉			0.742	
有霸气			0.589	
精明			0.537	
善于说服			0.469	
冒险精神			0.454	
穿着考究				0.726
时髦				0.712
有风度				0.559

为进一步考察调查问卷的内部一致性信度，接下来对提取的4个因子分别进行信度检验，检验结果如表6-3所示，各项因子对应题项的内部一致性α系数以及该量表整体的内部一致性α系数均高于0.7，表明量表具有较高的稳定性和可信度。此外，问卷中的条目均来源于已有研究文献及开放式问卷，并有相关的心理学、人力资源管理专家对其进行评定，条目内容能够很好地反映领导特征要素，因此，可以认为该问卷具有良好的内容效度。

表6-3 量表克朗巴哈系数信度

总问卷	F1	F2	F3	F4
0.981	0.973	0.964	0.797	0.755

6.3.2 内隐领导原型的调研结果

基于互联网创业企业的调研数据分析，本章发现在调研结果表征突出的四个特质因素中，"90后"员工评分结果由高到低依次是"领导外在吸引力、领导感召力、领导个人品德、领导个人专制力"。其中，"领导外在吸引力"平均得分4.92，标准差1.51；"领导感召力"平均得分4.90，标准差1.51；"领导个人品德"平均得分4.82，标准差1.53；"领导个人专制力"平均得分4.24，标准差1.55（见表6-4）。从因素水平的结果看，"90后"员工更倾向于关注领导的外在魅力，而"领导个人专制力"得分最低，表明强权专制型的领导风格不能很好地领导"90后"员工。从标准差上看，"领导外在吸引力"和"领导感召力"同样较低，但两个指标的均值都较高，表明"90后"员工对这两个领导特质的偏好较强。

从单项特质因素上看，评分均值排名前6位的因素依次是：有风度、有主见、正直、有才智、廉洁、有号召力，六个因素得分均值都在5分以上，代表了在互联网创业企业中"90后"员工最关注的领导特质项目。得分排名靠后的因素依次是：勤奋、有霸气、冒险精神、精明、乐于助人、仁慈（由低到高），表明在互联网创业公司中"90后"员工认为领导者特质结构中这些因素相对重要性较低。

表6-4 "90后"员工偏好的领导者特质得分及排序

因素	条目	M±SD	排序
领导个人品德 (4.82±1.53) 排名3	仁慈	4.3523±1.52422	29
	乐于助人	4.1309±1.44004	30
	宽容	5.0369±1.50934	12
	廉洁	5.1275±1.57330	5
	善解人意	5.0738±1.52021	9
	处事公平	4.9732±1.56539	15
	热心	5.0268±1.61202	13
	真诚	4.4933±1.44540	26
	信任他人	4.9866±1.55478	14
	敢于负责	5.0772±1.56694	7
	诚实	4.9497±1.51118	18
	正直	5.1846±1.59000	3
	积极	4.8322±1.57165	23
	有同情心	4.4228±1.53602	27
	言行一致	4.6510±1.38984	24

续表

因素	条目	M±SD	排序
领导感召力 (4.90±1.51) 排名 2	有主见	5.1980±1.46257	2
	有才智	5.1309±1.45169	4
	精力充沛	5.0537±1.37943	11
	勤奋	3.5235±1.59158	34
	明智	5.0705±1.60546	10
	受过良好教育	4.9664±1.49033	16
	鼓舞人心	4.9530±1.46949	17
	专心致志	4.8557±1.49612	22
	有号召力	5.0839±1.62359	6
	充满激情	4.9497±1.51118	19
	目标明确	5.0738±1.57888	8
领导个人专制力 (4.24±1.55) 排名 4	善于说服	4.3624±1.63388	28
	冒险精神	3.9732±1.60993	32
	有霸气	3.9430±1.45184	33
	精明	3.9765±1.46432	31
	严厉	4.9228±1.57765	21
领导外在吸引力 (4.92±1.51) 排名 1	穿着考究	4.5738±1.45745	25
	时髦	4.9262±1.49114	20
	有风度	5.2617±1.58442	1

6.4 对策建议

"90后"不同的成长环境，不同的职业价值观，导致"90后"对领导者有不同的期待。本章通过数据调研了解了"90后"员工对领导者不同特质项的偏好程度，并基于数据提炼了"90后"员工眼中理想的领导者原型。基于数据调研结果，本章提出了管理者针对"90后"员工领导方面的个性化对策建议。

（1）完善自我，注重提升个人魅力。"90后"生活成长在一个文体娱乐高度发达的信息时代，各种明星偶像充斥在他们的生活中，使得他们很容易发现偶像个性特质并产生崇拜情绪。调研数据中表现出来的"90后"

员工更加注重领导者外在吸引力,以及领导感召力中的有主见、正直、有才智、有号召力等个性魅力特征,也很好地佐证了"90后"员工的这一特征。领导者应该利用"90后"员工的心理特征,注重自己的言谈举止、个人品位以及内在魅力的培育提升,展现个人魅力,赢得"90后"的仰慕,影响"90后"员工,使他们愿意追随并且还能够效仿领导的做事方式以及处事方法,进而更好地激起"90后"员工对工作的投入度和对组织的忠诚度。

(2) 改变观念,与"90后"员工建立伙伴式关系。"90后"员工成长过程中接受的情感支持比较多,造就他们自我意识比较重、依赖性强、抗压能力弱。传统的严格专制化管理一方面容易造成"90后"员工的逆反情绪,增加管理难度;另一方面高压的工作环境容易超出"90后"的承受范围,导致员工压力过大而产生一些新的管理问题。根据调研数据,"90后"员工对"领导个人专制力"的特质因素评价得分比较低也印证了这一点。基于此,领导者在管理实践中需要顾及"90后"员工的情绪,努力营造组织公平、组织信任、组织支持的氛围,与员工建立一种基于信任和认可的伙伴式合作关系,使"90后"员工能够在令他们自在快乐的工作氛围和工作方式下工作。

(3) 倡导个体价值,创造崇尚个体创造力的组织氛围。"90后"是完整接受信息教育的第一代人,在虚拟互联网规则的不断刺激下,他们的本能性需求和自我实现需求都异常强烈,有主见、有想法且十分自信,对于感兴趣的事情,"90后"会充满干劲、激情。领导者应该善于利用"90后"员工的这一特征,鼓励他们发挥个性,允许独特性的存在,运用各种激励手段强化创新行为,尤其对于互联网创业企业而言,形成创新氛围有利于激发知识型员工的工作效能,提升工作满意度。

(4) 主动培养"90后"员工的角色意识,提升个体成熟度。"90后"在成长过程中社会性刺激不足,长期在父母无条件的爱和庇护下,无须通过持续的回报来稳固这种关系,导致"90后"在成长过程中缺少明确而清晰的角色意识,更看重自己在他人眼中的重要性,更多地以自我为中心,缺乏组织人意识。从调研数据中也可以看到,"90后"员工更期望的是吸引力、品德和感召力而对专制力期望较低,可见员工需要更多地学习了解组织规则,提高社会化程度,同时管理者也应积极与"90后"员工进行对话,帮助他们尽快建立角色意识,树立对职位权力及专制权力的敬畏意识。

知识管理篇
——利用知识管理为知识型团队赋能

受知识爆炸与移动互联网技术的双重影响，知识型员工和团队的学习方式碎片化趋势明显。这种碎片化信息获取并不能真实地反映知识的本来面貌，对于知识型团队的创造和任务绩效造成了一定的负向影响。其实，相比于外部"漫天飞舞""杂乱无章"的各种信息，知识型团队更需要向内部挖掘，通过构建内部知识网络和知识管理体系实现团队赋能。因此，本部分聚焦于知识型团队需要解决的一个共性核心问题——如何构建内部知识转移和共享的"高速公路"，实现自身拥有的"隐性知识和经验"价值最大化。

7 搭建知识迁移的高速公路：内部知识转移与知识型团队绩效

7.1 问题的提出

彼得·德鲁克说过："如果说工业经济之初诞生的科学管理是企业管理的第一次革命，那么在人类走向21世纪，知识经济来临之际，全球的企业管理将迎来第二次革命——知识管理。"进入20世纪80年代以来，随着以数字化、网络化为特征的信息技术的迅猛发展，知识成为经济发展中相当重要的因素，人类进入了知识经济的时代。在知识经济时代，知识型员工作为知识的创造者和载体，被认为是智力资本中最有价值的资源，谁拥有高质量的知识型员工越多，谁的产品竞争优势就越大，竞争能力也就越强。这一观点已被人们普遍接受。

众所周知，现代知识、技能开发的复杂性不断提升，知识开发的成本不断上升，而知识的价值也在迅猛增长，这就要求知识型员工进行更好的集体协作。通过协作使知识在组织内部顺畅流动，实现单个员工不可能完成的任务，提高组织的整体知识水平和创新能力。因此，无论从知识型员工的个人需要出发，还是站在组织的角度，团队工作都以其自主灵活、技能互补的优势，成为知识经济时代广为推崇的工作方式。

基于上述背景，针对以知识型员工为主体的知识型团队进行专门研究，对于企业知识管理水平的提高具有重要意义。知识转移作为知识管理的关键一环，在知识型团队的管理中发挥着举足轻重的作用，是团队内部知识收集、转移的纽带，知识整合、创造的基础。员工层面的知识只有通过转移才能上升到组织层面，更好地实现经济效益。组织层面的知识也只有通过转移才能产生协同效应，更好地形成竞争优势。而团队绩效问题一直是学术界研究的焦点。学者们纷纷从不同的角度探讨影响团队绩效的各类因素，例如团队环境（Sarin & Mahajan, 2001）、团队历程（Campion, Medsker & Higgs, 1993; Stewart & Barrick, 2000）、团队组成（Neuman & Wright, 1999; O'Reilly, Caldwell & Barnett, 1989）等。近年来还呈现一些新的方向，例如共享心智模型（Mathieu, 2000）、组织公民行为（Karambayya, 1990）、团队反思（Hoegl & Parboteeah, 2006）等。但是鲜有学者从团队内部知识转移的角度考察两者之间的关系。

在知识经济的时代背景下，知识、知识型员工在组织中扮演越来越重要的角色，从知识型团队的视角研究知识转移对团队绩效的影响以及两者之间的相互关系，是现代组织迫切需要解决的一个问题。本章研究正是在这种背景下提出的，主要研究知识型团队内部知识转移的主要影响因素，知识转移与团队绩效的相互关系及影响路径，从理论上指导组织促进知识在团队内部的良性流转，提高团队和组织绩效，提升知识型团队的管理水平。

7.2　文献回顾

7.2.1　关于知识的讨论

培根说"知识就是力量"，这说明了知识的重要性。何谓知识？人类探索知识概念的历史相当久远，可以追溯到古希腊时代的诡辩学，他们认为"所有知识都是来自个人的经验，而每个人对事物的感受不同，因此，知识仅仅是相对于个人而言的，没有绝对意义的知识"。知识本身具有无形性和模糊性，准确定义知识比较困难。"信息"跟"知识"是容易混淆的两个概念，许多学者通过探讨两者的区别将其界定。其中 Zack（1999）认为信息是在相关情景中通过观察而得之的事实，不具有直接意义；Leonard 和 Sensiper（1998）认为知识是部分建立在经验基础上的相关可行信息，是信息的子集；吴冰、王重鸣（2006）认为知识是人们在信息积累的基础上，借助经验、沟通或者推断对信息进行的一种有意义的组织。通过相关研究我们可以发现，知识比信息更系统规范，并且是对信息进行了筛选之后的集合，通过对信息进行再加工与抽象概括，更为明显与直观地表现出了事物的概念、规则以及规律。经过多年的研究，学者们从不同的角度界定知识的内涵，本章对知识定义的整理归纳如表7-1所示。

表7-1　知识的定义

学者	知识定义
Woolf（1990）	知识是能运用于解决问题的信息集合
Turban（1992）	知识就是经过分析、整理，能应用于解决问题或是决策制定的信息
Nonaka & Takeuchi（1995）	知识是有充分根据的信仰，强调个人以求真为目标并不断自我调整个人信仰的动态人文过程
Myers（1996）	知识是一种信息流通的过程，在信息的再流通过程中发生效用，促使组织产生行动能力，而且知识与员工紧密地结合在一起
Beckman（1997）	知识是一种基于推理的信息，其目的是引导人们完成任务、解决问题和制定决策
Varderspek & Spijkerve（1998）	知识是一整套被视为真理性的远见、经验和智慧，因此可以引导人们的思想、行为和沟通
Davenport & Prusak（1998）	知识是结构化经验、价值、系统信息及专家经验的综合体，其提供了评估与整合新经验及信息的架构
Zack（1999）	将经验、沟通或推理等信息作有系统、有意义的组织与积累，使之成为有价值的内容
Bhagat, Kedia, Harverston & Triandis（2002）	知识比数据或信息更广泛、深刻和丰富，来源于独特经历和组织学习，通常不仅存在于书面文件中，还包含在惯例、任务、过程、实践、规范和组织价值观中
Probst（2003）	知识是个人用来解决问题的认知和技巧整体，同时包括理论和应用、日常规则及行动指南

资料来源：笔者整理。

基于前人研究，本书认为知识是存在于个人头脑中，人类经过了解、认同、诠释及内化而成的。在知识型团队中，它经常由员工的脑力激荡创造出来，通过组织文化、组织产品规范、作业系统等过程，对组织知识进行有效的掌握。也就是说知识是一种流通的行为能力，包括信息、价值观、经验、技能、意见，提供给人分析、整合的框架。

知识分类问题也是知识管理专家比较热衷的领域。理论界和学者普遍比较认同的一种分类方法是将知识分为显性知识和隐性知识，这一分类方法最早由Michael Polanyi（1966）提出，"个人所知道的比他自己能清晰地表达出来的要多得多,这是因为有一部分知识是非言语的、直觉的,或者不能用言语清楚地表达的",并将知识简单地分为显性和隐性。之后许多学者在此基础上进行深入研究,Winter(1987)将知识划分为简单的和复杂的、可传授的和不可传授的,以及可观察的和不可观察的三种;Nonaka(1991)将知识划分为显性知识和缄默知识,认为缄默知识是高度个人化、难以形式化或沟通、难以与他人共享的知识,并认为隐性知识包括心智模式和技能;Maua(2000)将知识划分为外显且高结构知识(正式、已归类可转化为外显的知识)、外显且低结构知识(非正式、未归类、可转化为外显的知识)、内隐知识(非外显的个人与组织知识)。

当然也有一些学者从其他角度对知识进行划分。Thomas Stewart(1997)在他的《智慧资本》一书中提出三种对组织有价值的知识,即人力资本、结构资本、顾客资本,其中人力资本(Human Capital)主要指员工自己的知识,包括经验、技能、习惯、价值观、直觉等;结构资本(Structural Capital)指不会随员工离开而流失的知识,例如,科技、发明、资料、出版以及一些抽象的组织策略、组织文化等;顾客资本(Customer Capital)主要指顾客对企业的忠诚认可方面的内容。Hedlund(1994)将知识区别为三种:以人脑内的概念、规则为形式存在认知知识,技能,以及物化于产品、服务和人工制品中的知识。Quinn(1996)将知识分为描述性知识、程序性知识、原因性知识、条件性知识和关系知识。

综上所述,目前把知识分为能够以系统的方法传达的、正式规范的显性知识和高度个体化的、难以形式化或沟通、难以与他人共享的隐性知识是学者们共同认可的一种分类方法。从知识的存在层次来看,又可分为个人知识和组织知识。组织知识存在于组织的知识网络中,由个人知识的相互作用而产生。

7.2.2 知识转移的概念界定

人类知识转移的活动古已有之,但是系统研究知识转移并使之应用于人类社会实践是20世纪后期的事情。自从1977年美国技术和创新管理学家Teece首次提出知识转移的思想后,这一概念迅速引起各国学者的广泛关注,并从不同角度进行了定义,表7-2总结了已有知识转移的定义。

7 搭建知识迁移的高速公路：内部知识转移与知识型团队绩效

表 7-2 知识转移的定义

学者或组织机构	知识转移的定义
Teece（1977）	首次提出知识转移的思想，认为通过技术的国际转移能够帮助企业积累有价值的知识并促进技术扩散，从而缩小地区之间的技术差距
Hakansson & Johnason（1992）	在严格意义上，知识转移意味着知识资源的控制权或知识资源本身从一方传递至另外一方的物理过程
Suzlanski et al.（1995）	知识转移是在一定情景下，从知识的源单元到接受单元的信息传播过程，分为开始、实施、调整、整合四个阶段
Gilbert & Cordey-Hayes（1997）	知识转移是一个动态的过程，是组织持续学习过程的一部分。当知识同化为组织知识时，知识转移才算发生，期间必须经历一些阶段如知识的采用与接受等许多导致成功同化的活动和要素
Vito Albino et al.（1998）	提出知识转移框架包括 4 个要素：转移主体、转移情景、转移内容以及转移媒介
Davenport & Prusark（1998）	知识转移是把知识从知识源转移到组织中其他人或部门的过程
经济合作与发展组织（2000）	知识转移是专业知识在人与人之间的传播过程，通过知识转移，组织可以有效提高人力资源水平，进而获得竞争优势
Argote & Ingram（2000）	组织中某个单位（如团队或部门）被组织中另一个单位的经验影响的过程称为组织内部知识转移，他们的研究主要是针对组织内部团队或部门之间的知识转移
Dixon（2000）	知识转移是组织成员通过各种工具与程序来进行知识分享，是将存在于组织内部某一部门的知识应用到组织内部其他环节、项目或部门的过程
Sue Newell et al.（2002）	知识转移是对组织中个人或群体创造的知识的再利用过程

资料来源：笔者整理。

学者们对知识转移的讨论大致可以分为两个角度，即知识转移过程与知识在不同组织间流动或组织内部的最佳实践转移。但是两者并不矛盾，而有相通之处，主要体现在以下几个方面：①知识转移是知识从知识源到知识受体的传播过程。②知识转移活动是在特定情境或环境中发生的。③知识转移有着特定的目的，但最终目的是使知识源的知识成为知识受体的知识，缩小知识源和知识受体之间的知识差距，促进人类个体和组织之间的共同发展。

7.2.3 知识转移的相关模型

一般而言，知识的存在有三个层次，即个体、团队、组织，而知识转移是知识从知识存在体的一方到另一方的转移，所以知识转移的模式也是多层次、多含义的。它既可以是个体之间、团队之间、组织之间的转移，也可以是团队内部、组织内部的转移，还可以是个体与团队、组织与个体、团队与组织之间的转移。如何在不同主体间转移知识，许多学者对此开展了研究。这些研究从不同角度对知识转移模型进行了深入探讨，对知识转移模式的经典理论进行了归纳和总结。

有学者从隐性知识和显性知识的角度对知识转移模式进行了研究，其中比较有代表性的是 Nonaka 的相关研究，也是知识转移模型中最具有代表性和影响力的。1991 年 Nonaka 提出知识创造螺旋模型，在这个模型中，"知识在组织中不断向上提升，从个体层面到团队层面，进而到组织层面。随着组织内知识螺旋的不断上升，个体之间以及个体与团队、组织之间不断交流沟通，知识螺旋不断丰富和扩大"。在知识螺旋的过程中，个体隐性知识经过社会化、整合化、外在化和内在化四个阶段最后转化为组织的隐性知识，同时，在这个过程中个体也从组织中不断汲取知识，各方是一个互动的过程（见图 7-1）。1998 年，Nonaka 和 Kolmo 提出了知识创造"Ba"的概念，Ba 是关系产生的一个共享空间，可以是有形的空间（如办公室、作业空间），也可以是无形的（电话会议、E-mail），甚至是精神的（如共享经验、创意等）。2003 年，Nonaka 和 Toyama 进一步从知识转化 SECI 过程、Ba、领导力的角度提出了知识创造动态模型，对来自外部机构—跨组织层面的知识创造进行了分析。

部分学者将知识转移的整个过程分为不同的阶段，从过程的角度建立知识转移模型，其中最具有代表性的是 Suzlanski 的四阶段模型。1996 年 Suzlanski 针对组织内部层次进行了特定研究，将知识转移过程分为四个阶段，并且指出每个阶段都有标志性事件作为指针，这对于组织重点事务工作者而言具有极其重要的意义。Suzlanski 强调知识转移（Knowledge Transfer）区别于知识传播（Knowledge Diffusion），是组织内部的知识移动，是一个清楚明确的经验转移。2000 年 Suzlanski 进一步研究将组织内部知识转移整个流程分为初始、执行、蔓延、整合四个阶段（见图 7-2），分别说明如下：

初始阶段（Initiation）。此阶段知识转移的机会开始萌芽，组织或个人发现知识差距，做出转移决策。该阶段面临的主要问题是组织或个人对于

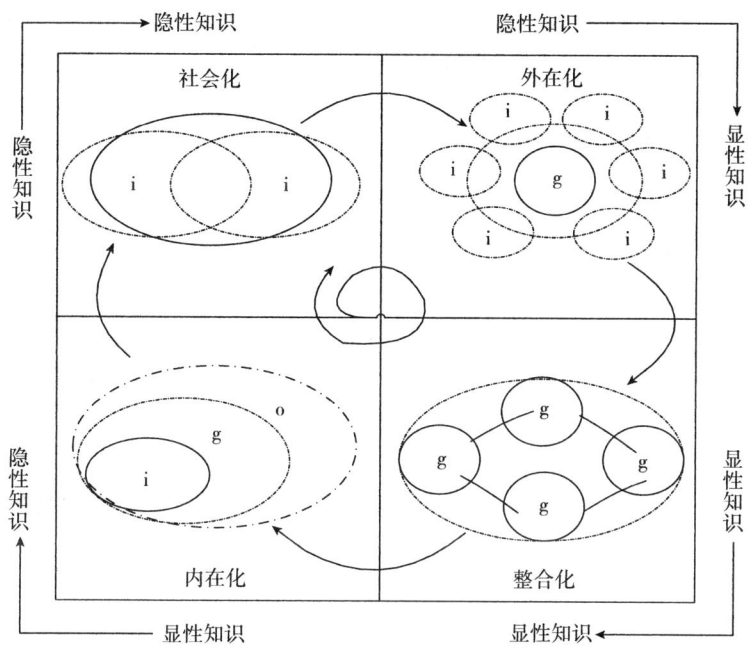

i：个人；g：群体；o：组织

图 7-1 Nonaka 知识创造螺旋模型

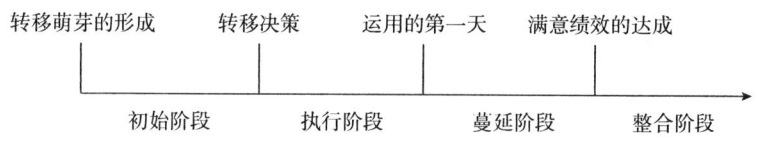

图 7-2 Suzlanski 的知识转移流程

所需知识的准确识别和正确评价。执行阶段（Implementation）。此阶段知识将会在知识源与知识受体之间流动。该阶段面临的主要问题是知识转移双方间的沟通与互动是否良好。蔓延阶段（Ramp-up）。此阶段知识受体已经开始使用所转移的知识，并十分关切能否预先指出并解决可能出现的问题。该阶段面临的主要问题是知识转移能否达到预期的绩效目标。整合阶段（Integration）。此阶段知识受体对知识转移的效果感到满意，并将转移的知识逐渐演变为企业的常规知识。该阶段面临的主要问题是转移的新知识变成常规知识后所衍生的一系列难题。

要素模型是以知识转移过程中的要素为基础建立研究模型，比较典型的是 Vito Albino（1999）等归纳出的转移主体、转移意境、转移内容、转移媒介四部分知识转移分析框架。他们认为知识转移依赖于这四部分相互作用，共同促进。其中，转移主体（Actors）可以是个人也可以是组织，由于组织是个人的社会集合体，组织中的个人信息交流和知识发展构成了组织间的知识转移。转移意境（Context）。从组织层面看，对知识转移的组织意境可以分为两类：组织内意境和组织外意境。转移内容（Content）。知识转移的过程与基于知识任务的转移相连，当与转移知识的相关能力被接受方消化吸收时，知识转移就成功了。转移媒介（Media）。媒介指的是用于转移数据和信息的任何一种方法，媒介的特征取决于编码和通道的结合，两者较好时可以减少转移的不确定性和模糊性，保证知识转移在数量和质量上的高水平。

除了从知识转移过程和转移要素角度建立研究模型之外，也有许多学者从其他角度建模分析。我国学者徐金发等（2002）在 Suzlanski 等（1996）的交流模型基础上，研究了情景在知识转移过程中的作用，并提出了知识转移的情境模型（见图 7-3）。任何一个企业都具有情境的维度，当转移的知识处于双方情境范围的重叠区内时进行的知识转移，称为相似性转移。而当转移的知识处于双方情境范围的重叠区之外的知识转移，称为适应性转移。该模型认为相似性转移模式的多变故性要低于适应性转移模式的多变故性，也意味着适应性转移模式将会比相似性转移模式出现更多的变故，如耗费更多的成本和时间，且不能达到预期的目的，所以相似性转移模式比适应性转移模式所付出的代价低，比较容易成功。

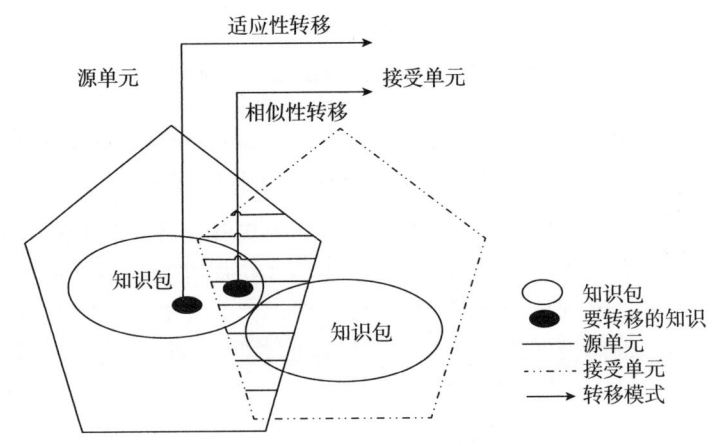

图 7-3　徐金发的知识转移情境模型

此外，不少国内学者从不同角度对知识转移模式进行了研究。例如施琴芬（2004）提出的隐性知识转移的"专家咨询模式"，该模式的提出者认为，当拥有隐性知识的专家在对客户进行咨询的过程中，垄断性会随着知识的流动而逐渐消失，共享界面逐渐形成，源于隐性知识主体的知识节点会因为知识的逐步扩散而网络化，从而实现知识的转移。张生太（2004）根据隐性知识的传播特点，提出了组织内部隐性知识转移的微分动力学模型。通过模型的建立，分析了影响隐性知识转移渐进解的主要控制参数是组织成员的接触率、组织成员的知识遗忘率及组织成员的调入（出）率。

7.2.4 团队内知识转移的影响因素研究

知识转移是一种复杂的活动。国内外许多学者从不同的视角对知识在个人之间、群体之间、组织之间的转移条件和影响因素进行了大量研究。本章研究的主题是组织中知识型团队内部的知识转移，因此，下面着重对国内外关于组织内尤其团队内部知识转移有代表性的研究成果归纳总结。

Davenport 和 Prusak（1998）在其著作《运营知识》一书中提出知识转移的阻力主要在于以下若干方面：缺乏信任，不同的文化、用语、参考框架，缺乏时间与会面的场所，对工作生产力的狭义定义，地位与奖励都分给知识型员工，接受者缺乏吸引能力，相信知识是某些特定团队的特权，有"非此处发明"（NIH）的症状，无法容忍错误或是需要协助。

Albino 等（1999）归纳出知识转移的四部分框架：转移主体、转移意境、转移内容、转移媒介。他们认为知识转移在很大程度上依赖于转移主体、意境、内容和媒介。这四部分相互作用，共同影响知识转移。

Dixon（2000）将团队共同知识转移过程中可能的影响因素作了如下归纳：工作团队成员没有时间开会、工作团队成员缺乏激发知识产生的对话技巧、工作团队成员在项目结束之前离开、有良好的知识库但却没人使用、有"非此处发明"（NIH）而不愿使用的心态、组织成员之间没有时间分享知识、不知道如何将组织成员脑海中的知识萃取出来、组织成员遇到问题却又不愿向别人请教、请教大量专家的代价太高、过于要求组织成员遵守"做事的方法"、缺少功能齐全的信息技术系统、组织成员不知如何使用信息技术系统。

Goh（2002）提出了一个有效知识转移的整合研究框架。从团队内部知识来源方、组织机制到知识接收方的过渡情况研究了知识转移的效率，Goh

的知识转移框架是最系统的，基本把前人所做的研究都进行了整合，对有效知识转移的各种影响因素进行了梳理。其中，知识共享倾向、知识接收者的吸收能力、知识特性、恰当的知识转移机制和相关支撑条件等因素直接影响到知识转移的有效性，而企业对知识转移活动的组织领导、信任水平、合作关系、组织文化等也会对知识转移产生间接影响。

Jeffrey 和 Bing-sheng Teng（2003）提出研发团队中影响知识转移的主要因素：知识受体了解所需知识存在于何处、团队在何种程度上共享相似知识、知识源和受体相互作用而转移知识的程度、知识源将知识转移给受体所经历的过程。

徐金发等（2003）在 Suzlanski 等（1996）的交流模型基础上，研究了情景在知识转移过程中的作用，并提出了知识转移的情境模型。通过对知识转移中情境因素的研究，发现主要作用于知识转移的情景因素可以从以下五个方面进行衡量：文化、战略、组织结构和过程、环境、技术和运营等。

应力和钱省三（2003）认为知识交易是形成知识共享的基础，这种交易多以互惠、名望、友情和信任等形式进行，所以交易成本的高低、知识拥有者交易时承担的风险高低、知识的本地化特性是影响知识转移的主要因素。

宋建元和陈劲（2005）认为隐性知识是企业形成核心竞争力的基础和源泉，知识转移的效率主要受隐性知识的可编码程度、知识拥有者的传授能力、知识需求者的学习能力、激励水平、互惠程度和信任程度等因素影响。

7.2.5 以往研究的不足

综观以往对知识、知识型员工、知识型团队、知识转移与团队绩效的相关文献回顾，可以看到目前国内外学者对于知识转移和团队绩效管理问题的研究已具备一定的成果，而且在不断的完善发展中。但是对于知识型团队的研究开展得还不够深入，研究内容也不够细致，对于团队内部知识转移对团队绩效会产生怎样的影响，很少有学者研究，相关的实证研究就更是鲜有涉及。具体来说，以往研究存在以下几点问题：

（1）在知识转移领域的研究中还存在以下问题：第一，关于知识转移的研究模型有很多，其中主要有过程模型和要素模型，但是大部分模型都只表明知识转移过程中的若干基本要素，缺少对影响因素综合性、系统性的研究。第二,为了增进知识转移的效果,在知识转移过程中,如何对有效转移、吸收和保持的知识进行评估和量化,是非常重要的。但是有关这方面研究相对较少,尤其是对其评价维度的选择没有统一的说法,大多只是借助一些相关指标加以映射,缺乏足够信度和效度。

(2) 在团队绩效领域的研究中还存在以下问题:第一,大多为静态研究,缺乏动态实证研究。虽然已有学者注意到团队绩效领域实证研究的重要性,但是实证研究还是相对薄弱,仅有的研究也多集中于静态的时间截面上,团队中时间的研究也仅集中于理论研究和实验研究上,很少进行纵向的实证研究。第二,国内关于团队绩效方面的研究在深度和广度上有待进一步加强,既要在现有研究的基础上进行深入探究,又要研究那些尚未或少有涉足的领域。任务特点、时间等要素如何对团队结果效应起到缓冲作用,各因素间是否有交互作用也是值得考虑的问题。第三,愈演愈烈的激烈竞争和国际化浪潮使企业不得不思考如何使自己能更敏捷地应对迅速变化的环境,许多新型的团队形式,例如跨组织动态联盟团队、虚拟团队、创业团队等也应运而生。新兴的团队与传统意义上的团队相比有许多独特的规律和特征,其绩效作用过程也有自己的方式,应该给予更多的关注。

7.3 理论假设

在前章文献研究的基础上,结合前人的研究模型以及知识型团队知识转移的特点、知识转移与团队绩效的关系,从知识转移的过程涉及的影响要素出发构建了本章的研究模型。整个研究分为两个阶段,一是构思模型、提出假设并设计问卷的书面整理。二是进行问卷调查并分析数据得出结论的实证检验。

团队内部知识转移过程中,知识是知识转移活动的客体,团队成员是知识转移的主体,情景是知识转移活动所依存的环境,三者结合构成了团队内部知识转移完整的系统。所以本章中知识型团队内部知识转移的基本要素设计为知识特性、团队成员因素以及团队情境因素三个方面。其中知识型团队内部知识特性包括知识的抽象性和嵌入性。团队成员因素包括团队成员的转移意愿、沟通能力以及知识距离。团队情景因素包括激励机制、转移渠道和文化氛围。在对文献回顾的基础上,对知识转移和团队绩效的维度进行了区分。其中将知识转移区分为过程满意度、知识再创度、知识内化度三个方面。将团队绩效区分为团队任务绩效、团队满意感以及知识技能提升。基于此，本章提出的研究构思图如图7-4所示。

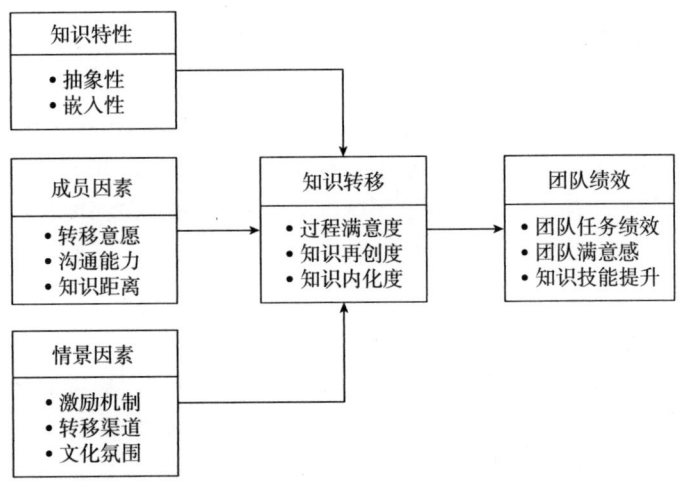

图7-4　知识型团队内部知识专业影响因素的整合模型

7.3.1　知识特性

综合以往关于团队内部知识转移的知识特性的研究，本章认为知识型团队的知识特性因素包括以下方面：

（1）抽象性。本章研究的抽象性主要指知识的观测性和表达性。可观测和可表达是对知识两个层面的描绘。观测性表现的是知识被感知的程度。除却一些容易感知的显性知识外，知识的存在形态更多的时候表现为对事物的洞察力、知觉、预感以及在经验中形成的心智模式等隐性形式，而这些隐性知识在很多情况下连知识源本身也难以感知。Suzlanski（2000）分析了知识本身的特征对知识转移的影响，认为知识的难以理解程度、预知困难贯穿了转移的全过程。Bresman（1999）和Nonaka（1994）等认为隐性知识的难以感知性限制了隐性知识的转移，而显性知识则具有易观测的特点。而知识的表达性表现的是知识的可编码程度，即可以用文字、语言、符号等编码，可以通过报纸、书籍、光盘、声音、图像等介质传播的程度。相当一部分隐性知识即便可以被知识源和外界感知，但是由于知识的经验性强、缄默度高、缺乏具体表现的形式等问题使得团队内部知识的获取、转移变得困难。Cummings和Teng（2003）通过实证研究，认为知识的表达性越差，知识转移越难。Lippman 和 Rumelt（1982）认为如果不清楚是什么因素、能力或者研究的语言，以及何种知识仓库、次关系网络交互作用决定了知识作用的发挥，那么知识（能力形式）的复制将更为困难。根据以上分析，本书提出以下假设：

Hla：知识的抽象程度对知识型团队内部知识转移有负向影响。

（2）嵌入性。尽管国内外学者对知识的定义各有差异，有一点却是可以达成共识，即认为知识是一定情景下的产物，镶嵌在一定的情境之中。但是与知识的抽象性相比，人们对知识的嵌入性了解要晚一些。虽然从20世纪80年代起的20多年里人们对知识的嵌入性做过一些研究，但是系统地说明知识嵌入性对知识转移的影响到2000年以后才开始出现，这就是Argote 和 Ingram（2000）"知识留驻"的研究。Argote 和 Ingram（2000）所说的"知识留驻"即本书所说的知识嵌入性。按照Argote等的说法，知识嵌入在组织中有三种基本要素——人员、工具和任务及其相互交织相互作用构成的若干网络，其中人员是人的要素；工具包括硬件和软件两方面，是企业的技术构成；任务则反映了企业的目标、意图。Teece（2000）认为，因为组织知识嵌入于过程、路线和结构之中，所以如果不把多个人组成的工作网络和模式一起转移，知识转移是无法成功的。对于知识型团队尤其如此，由于团队是由不同特质的成员组成的独特实体，而每个成员又各自运行在特定的情景之中，并有不同的知识运用能力。所以成员的自有知识对成员本身、文化氛围、技术水平、外部环境等因素不可避免地存在一定程度的依赖。我们将知识的嵌入分为简单嵌入和关系嵌入两种。简单嵌入是指嵌入到一种载体或以"人员—工具"嵌入为主的知识。简单嵌入的知识包括工作组织方式、规则、程序、习惯、战略行动等。Zander 和 Kgout（1995）认为嵌入工具的知识是已经编码的知识，所以在知识转移时要比嵌入其他载体的知识容易。Gralbaith（1990）也认为这种类型的知识复杂性较少，较容易理解，也较容易转移。关系嵌入是指嵌入到"人员—工具—惯例"及其相应关系协调网络或者以"惯例"为主的复合关系网络中的知识。知识除了能嵌入人员、工具、任务之中，这三种组织要素的交叉互动构成的网络也能成为知识嵌入的载体。关系嵌入的知识比简单嵌入知识在转移过程中要复杂得多，Teece（2000）证明由于组织知识嵌入在程序与结构中，仅依靠人员或设备、技术的流动而不转移相应的网络模式，就难以达到预期的转移目的。在前人研究的基础上，结合本章特点提出以下假设：

H1b：知识的嵌入程度对知识型团队内部知识转移有负向影响。

7.3.2 成员因素

综合以往的研究，本章认为在知识型团队内部知识转移的过程中团队成员方面的因素主要包括团队成员转移意愿、沟通能力以及成员间的知识距离。

（1）转移意愿。知识转移意愿是指知识源多大程度上愿意将自有知识与团队中其他成员分享，或者知识提供者利用保护机制来影响知识流动的程度。作为知识转移和传播的源头，团队成员转移知识的主观意愿是影响知识转移质量、数量的重要因素。团队成员的自有知识是一定时间、资金和其他成本的凝结，这些知识的存在显示出他们对团队的重要性和在团队中地位的稳固性。出于对自身地位和优势的考虑，隐匿自己独特知识的倾向也就不可避免。Dixon（2002）在研究中指出知识拥有者担心转移了这种知识而失去自身的独特价值，特别是个人或群体从引以为豪的非常成功的项目中得到的知识以及从非常痛苦的失败中得到的知识，已经成为个人或群体不可分割的一部分，他们可能并不乐意主动地转移这类知识。Suzlanski（1996）的研究也提到当知识拥有者缺乏激励或诱因时，可能会因为害怕失去知识的拥有权、优势及特权，并不会主动分享知识，这便是知识黏性的来源。知识的拥有者为了阻止自身竞争优势的丧失可能会利用特定的手段或策略，如将任务分割成许多部分来为特定技术能力建立起区隔，通过信息守门员过滤知识，降低核心知识在不同组织或个人间使用与暴露的机会。在前人分析的基础上，结合知识型团队特点提出以下假设：

H2a：知识转移意愿对知识型团队内部知识转移有正向影响。

（2）沟通能力。本章涉及的沟通能力是指在一定的组织情境下，知识转移双方通过合适的行为展示进行知识交流的能力，主要包括知识源的传授能力、知识受体的吸收能力。传授能力是指知识源是否能够以恰当的方式将知识表达出来，并通过多种渠道促进知识接收者的学习和吸收。Grant（1996）认为知识本身具有独享性，因此必须有公开的意愿和能力，才能使知识转移有效运作。知识源仅有对知识的转移意愿是不够的，还需要有足够的能力将自己掌握的知识用清晰的、有技巧的语言表达出来，必要时还需要借助一定工具进行反复的讲说、演示，使知识受体更容易理解、接受。而吸收能力是指知识接受者有能力去辨识知识的价值、获取外部信息、消化吸收并加以开发利用的活动过程。Nonaka 和 Teece（2001）指出知识是可以转移的，但是依赖于知识接受者的吸收能力。团队内部成员间知识转移的吸收能力受两个因素的影响。一是知识存量，这决定了组织对知识内化、消化的程度，因为知识相对领先的组织能分辨出对其有益和相关的知识，有助于知识的内化和吸收。二是团队内部成员间的齐一性，如有相似的信念、受教育程度、社会地位等，这样新知识的沟通效果更佳。相关研究表明无论是个人还是组织的吸收能力都对知识转移有积极影响。在前人研究的基础上，结合本章特点提出如下假设：

H2b：团队成员的沟通能力对知识型团队内部知识转移有正向影响。

（3）知识距离。本章的知识距离是指团队内部成员间拥有的综合知识的差异程度，主要表现在知识存量、教育背景、工作经历等方面。Von Hippel（1994）指出知识转移可能会受限于知识接收者对被转移知识缺乏相关的知识与技能经验。Hamel（1991）认为组织学习产生的一个重要条件是知识源和知识接受者双方的知识落差不能太大，过大的知识落差将会导致学习步骤明显增多，知识转移难度加大。知识转移的目的在于将不同个体所具有的独特知识结合，从而在学习应用过程中创造新知识。基于此，Grant（l996）认为拥有完全不相关知识经验的两个个体通过知识整合也无法达到最佳的状态。事实上知识转移过程中转移主体之间的差距过大会导致知识不能被充分理解，增加学习的难度。基于以上分析我们可以假设，在知识转移过程中，知识距离与转移之间呈负向关系，也就是说当双方的知识距离越大，知识转移的效果越不理想。本章结合知识型团队的特点提出以下假设：

H2c：团队成员间知识距离与团队内部知识转移有负向影响。

7.3.3 情景因素

本章所指的情景因素主要包括团队激励机制、团队沟通机制以及团队文化氛围。

（1）激励机制。激励是企业管理中非常重要的管理功能之一，也是团队知识管理中知识转移的一个重要影响因素。随着知识更新的加快，知识使用寿命的短期性与知识创造过程的长期性，使得知识拥有者为保证自身在组织中的地位，规避风险，回收投资，进而对知识进行有意垄断。而组织方面又希望成员可以将自己的知识贡献出来，实现效益的最大化，最终达到提高竞争能力的目的。为解决这一矛盾必须建立一套知识转移的有效激励机制，使团队成员勇于共享知识、创新知识，从而实现对团队知识的有效管理。科尔曼认为："奖励不足会产生搭便车现象，即大家都等待其他人采取行动而自己从中受益；奖励充分不仅是实施有效规范的必要条件，而且还会产生热情奉献的现象，即热心公益事业或为集体利益冒风险。"国外一些知名公司在这方面已经做出了许多有益尝试，例如 IBM 公司对成员的评估中知识共享的比重占 25%；巴克曼实验室每年对知识转移方面排在前十的员工进行奖励；Emst 和 Yong 公司将每位顾问报酬的一部分与"知识共享"挂钩。对于知识型员工而言，不能仅把经济奖励和提薪等物质方面的奖励作为唯一的激励手段，精神奖励也是一种不可缺少的手段。可以认为，在许多情况下，精神奖励往往可以取得更好的效果。基于以上分析，本章提出以下假设：

H3a：知识型团队激励机制的完善程度对团队内部知识转移有正向影响。

(2) 转移渠道。团队内部顺畅、稳定的知识流动是员工共享知识的桥梁，而知识的顺畅流动在很大程度上依赖于团队内部健全、完善的渠道。本章中将知识转移渠道分为硬渠道和软渠道两个方面，其中硬渠道是指团队内部的知识管理系统，迅速发展的计算机群体技术、电子邮件、网络技术等为知识的收集、整理和分析提供了强大的技术支撑，也使知识的转移和扩散更加方便高效。Nonaka（2001）的研究表明，强有力的知识管理平台有助于企业隐性知识的社会化与外在化，还可以帮助内部成员之间知识的交流和共享，激发员工的创新思维。Sarbaugh-Thomson 和 Feldman（1998）认为知识管理能力越强，对隐性知识的共享越有利。知识管理能力的提高可以帮助员工更加深刻地理解隐性知识，使隐性知识转化更加可能。而软渠道主要指共同的语言、共同的专业知识以及其他形式的沟通符号等。其中共同的内部语言是沟通机制的关键。Nahapiet 和 Ghoshal（1998）认为共用的语言在以下三个方面影响了智力资本的结合和交流，共用的语言有助于人们理解他们所要表达的信息；它给交流和结合带来利益的评估提供了一个共同的概念框架；共用的语言同样代表了语言上的交叠。Chiu C M, Hsu 和 M H（2006）认为共用的语言不仅能够帮助共享知识而且能够提高人们和与之有相同背景或实践经历的成员之间沟通的效率。顺畅稳定的转移渠道使不同主体通过交流获得了大量知识，并提高了主体整合这些知识的能力。基于以上分析，结合本章知识型团队的特点提出以下假设：

H3b：知识型团队内部转移渠道的完善程度对团队内部知识转移有正向影响。

（3）文化氛围。团队的文化氛围是团队成员在长期共事过程中所形成的具有自身特点的精神气氛。它一般具有四个主要特性，即凝聚性、适应性、统一性以及使命感。凝聚性能够给组织成员提供一种良好的动机去汲取与最新技术发展有关的新知识。适应性使组织成员能够识别、接收和解释外界环境所发出的信号，并将其转换成内部意识和行为方面的变化。统一性提供了共同的信仰，从而降低了关于既定行动路线的分歧和冲突。使命感提供给组织成员对组织意图和发展方向的感知，对于组织的各种知识获取活动以及持续的组织行为是十分重要的。良好的文化氛围会培育并建立一系列某些种类的惯例和习俗，这些惯例和习俗培育了某些种类的企业行为、机制或过程，并形成了知识转移的基础，使知识转移的成功更加可能。Wolfgang Scholl 和 Peter Heisig 等开展的"知识管理未来"的全球首次德尔菲调查报告显示，在阻碍企业知识共享的诸因素中，排在首位的就是企业文化。因此，团队内部的文化氛围是合作还是竞争，是信任还是猜疑，是鼓励学习创新还是沉闷保守对于成员内部能否顺畅地进行知识转移是至关重要的。广泛存在的友善和互助气氛，对共同目标的强烈专注，员工之间的彼此信任，家庭般的工作氛围，这些都将有效地促进知识的交流，尤其是隐性知识的交流。基于以上分析，结合本章知识型团队的特点提出以下假设：

H3c：知识型团队内部的文化氛围对团队内部知识转移有正向影响。

7.3.4 知识转移与团队绩效

探讨团队如何产生绩效的研究相当多，其中许多研究认为团队绩效的发挥首先就是要投入资源，其次通过团队的合作互动过程，最后才能产生绩效。在 Hackman（1987）、Sundstorm（1990）、徐芳（2002）、Nalder（1990）、林泽民（2005）等学者研究的基础上，本章将团队绩效定义为团队为达到目的而采取的各种行为及产生的结果，主要包括三方面的指标：团队的任务绩效、团队成员的满意感、知识技能的提升。

团队的任务绩效，Borman 和 Motowidlo（1993）将任务绩效界定为与具体职务的工作内容密切相关的，同时也和个体能力、任务熟练程度和工作知识密切相关的绩效。具体可能体现在工作数量、质量、速度、成本以及客户满意度等方面。20 世纪 70 年代以前任务绩效是绩效管理的主要指标，绩效管理发展至今对其评价的维度众说纷纭，但是大多都保留了对任务绩效内容的评价维度。在此基础上，结合知识型团队的特点笔者提出以下假设：

H4a：知识型团队内部知识转移对团队任务绩效有正向影响。

团队成员的满意感，Nalder（1990）将团队绩效的维度归纳为组织目标达成情况、团队成员的满意感、团队成员继续协作的能力。Hackman（1990）认为具有团体产出、成员满意度和组织义务的承担。因此，团队成员的满意感是众多学者在研究团队绩效问题时常常采用的重要评价维度。笔者认为如果说任务绩效是团队工作结果硬性指标的反映，那么团队成员满意度则是团队工作过程中软性指标的重要体现，具体可以体现为团队工作的满意度、成员间的融洽程度、团队的归属感等方面。在此基础上，结合知识型团队的特点笔者提出以下假设：

H4b：知识型团队内部知识转移对团队满意感有正向影响。

知识技能的提升，Hackman（1987）和 Sundstorm（1990）认为团队绩效包括三个方面：团队生产产量、团队对成员的影响、团队工作能力的提高、我国学者徐芳（2002）认为团队绩效包括团队的工作成果、团队成员的工作成果和团队未来工作能力的改进三方面内容。笔者认为团队绩效的前两个维度是对团队和成员现状的考察，而知识技能的提升则是对团队未来发展创新潜能的考察，故在此采用此维度作为评价的一个方面。在此基础上，结合知识型团队的特点我们提出以下假设：

H4c：知识型团队内部知识转移对团队知识技能的提升有正向影响。

7.3.5 控制变量

本章是对知识型团队内部的知识转移和团队绩效的关系进行研究，知识型团队的规模对知识转移的成效以及团队绩效的影响效果不同，因此，本章把知识型团队规模作为控制变量。本章从团队层面对知识型团队知识转移的影响因素、知识转移以及团队绩效的关系进行分析，所以团队的类型也影响知识转移，并且影响知识型团队的绩效。因此，本章也把知识型团队的规模和知识型团队的类型作为控制变量。另外，本章认为团队成员接受教育的程度也是重要的控制变量，值得探讨。基于此，提出如下假设：

H5a：团队规模对知识型团队内部知识转移的影响差异是显著的。

H5b：团队规模对知识型团队绩效的影响差异是显著的。

H6a：团队类型对知识型团队内部知识转移的影响差异是显著的。

H6b：团队类型对知识型团队绩效的影响差异是显著的。
H7a：团队成员受教育程度对团队内部知识转移的影响差异是显著的。
H7b：团队成员受教育程度对知识型团队绩效的影响差异是显著的。
综上所述，本章提出的所有理论假设如表7-3所示。

表7-3 本书理论假设总结

项目	相关假设
转移知识	H1a：知识的抽象程度对知识型团队内部知识转移有负向影响
	H1b：知识的嵌入程度对知识型团队内部知识转移有负向影响
知识团队成员	H2a：知识转移意愿对知识型团队内部知识转移有正向影响
	H2b：团队成员的沟通能力对知识型团队内部知识转移有正向影响
	H2c：团队成员间知识距离与团队内部知识转移有负向影响
知识转移情景	H3a：知识型团队激励机制的完善程度对团队内部知识转移有正向影响
	H3b：知识型团队内部转移渠道的完善程度对团队内部知识转移有正向影响
	H3c：知识型团队内部的文化氛围对团队内部知识转移有正向影响
知识转移成效	H4a：知识型团队内部知识转移对团队任务绩效有正向影响
	H4b：知识型团队内部知识转移对团队满意感有正向影响
	H4c：知识型团队内部知识转移对团队知识技能的提升有正向影响
团队规模	H5a：团队规模对知识型团队内部知识转移的影响差异是显著的
	H5b：团队规模对知识型团队绩效的影响差异是显著的
团队类型	H6a：团队类型对知识型团队内部知识转移的影响差异是显著的
	H6b：团队类型对知识型团队绩效的影响差异是显著的
受教育程度	H7a：团队成员受教育程度对团队内部知识转移的影响差异是显著的
	H7b：团队成员受教育程度对知识型团队绩效的影响差异是显著的

7.4 研究设计

7.4.1 数据采集

本章研究知识型团队内部知识转移的影响因素，知识转移对团队绩效的影响关系，因此较适合采取样本调查法（Survey Research），因为样本调查法较适合实证性资料的搜集与分析。为达到研究目的,本章的研究对被试者提出了一定的要求,以保证问卷能测度出真正的作用效果。第一,曾经有过团队经历或现阶段正是团队的一员,只有这样的被试者才可以对团队内部知识转移和团队绩效各方面的问题进行有效作答。第二,本章的研究对象是知识型团队内部的问题,这要求被试者的知识程度相对较高。为了充分反映知识型团队内部知识转移影响过程、知识转移和团队绩效的关系,保证量表问卷的效度,本章所选取的受测组织较多,组织类型涉及企业、高校以及研究院所。

问卷发放的方式主要有三种:一是到企业现场发放问卷,请调查对象当场填答,当场回收;二是委托他人代为发放,并在委托时向被委托人详细说明问卷的填答方法和注意事项,以保证问卷填答的质量;三是通过网上问卷的形式,尤其是充分利用了分布广泛、知识水平层次较高的校友资源。问卷总共发放 500 份,回收 213 份,有效问卷 165 份,问卷有效性达76.1%。其中有 1 个或 1 个以上题项未作回答以及问卷全部选项答案相同的被视为无效问卷,未进入统计。问卷量表回收后,适时加以编码,建立有关量表资料的原始数据库,并随后进行无效问卷剔除工作,针对正向题部分,将每一题所得的分数加总,而反向题则反向计分,之后将原始资料进行各项统计。有效样本的描述性统计如表 7-4 所示:由表 7-4 可以看出,被试者的受教育程度为专科及以上,大部分集中在本科,本科及以上所占比例达到 89.6%,符合本书知识型团队的研究要求和抽样标准;被试者的团队工作年限 1 年以下的稍多,均值为 2.08 年;团队所在企业的性质以国有、私营、高校和外资居多;就团队规模和被试者来自的团队类型而言,各种规模的团队以及各种类型的团队所占比例大致相当,从而保证研究的知识型团队问题具有较好的说服力和解释性。

表 7-4 有效样本描述性统计

样本基本特征	资料类别	样本数	百分比(%)
受教育程度	专科	17	10.4
	大学	86	52.2
	硕士及以上	62	37.4

续表

样本基本特征	资料类别	样本数	百分比（%）
团队规模	2~5人	50	30.4
	6~10人	42	25.2
	10~15人	24	14.8
	15人以上	49	29.6
团队工作年限	1年以下	66	40.0
	1~2年	47	28.7
	2~3年	25	14.8
	3年以上	27	16.5
团队类型	产品研发团队	27	16.3
	高层管理团队	37	22.5
	科学研究团队	37	22.5
	咨询顾问团队	36	21.8
	信息技术团队	28	16.9
单位性质	国有	40	24.3
	私营	45	27.0
	合资	7	4.3
	外资	24	14.8
	高校	39	23.5
	其他	10	6.1

7.4.2 变量测量

本章所使用的问卷量表是在参考大量文献研究成果、企业访谈结果以及国内外一些较为成功的问卷量表设计形式的基础上逐步形成的。

首先，通过检索查阅关于知识、知识型团队、知识转移、团队绩效以及各变量间关系等方面的文献，将相关文献已论证的知识转移的影响因素、构成要素与维度以及团队绩效的指标等进行归纳，吸收了与本章有关的知识，形成初步调查思路。其次，征求专家和相关人员的意见。将问卷以电子邮件的形式发给桂林电子科技大学多位教授、副教授以及浙江大学宋建元博士、中国矿业大学陈金波博士、桂林市路通工程公司人力资源部部长李燎原先生（高级经济师）、桂林市啄木鸟医疗器械有限公司若干参研人员，以征求各位专家和相关研究人员对初步问卷量表的意见，根据建议对初始问卷量表进行修改，形成了修改后的调查问卷。最后，对修改后的问卷量表进行预测试，以验证问卷量表中指标设置和问卷表述的合理性。根据被试者的反馈，对一些测度题项的表述方式和语言进行了修改，在此基础上形成了最终调查问卷。

（1）知识转移影响因素分量表的编制。本量表内容如表7-5所示，由抽象程度、嵌入程度、转移意愿、沟通能力、知识距离、激励机制、转移渠道以及文化氛围8个要素组成，共计27题。此量表以文献探讨的方式，并参考其他学者的相关问卷编制而成。

表7-5 知识型团队内部知识转移影响因素研究量表

测量指标	衡量题目	操作化参考来源
抽象程度	很难从团队成员的文件、蓝图、计划中获取知识 必须通过经验或在"边干边学"中实现成功转移	Simonon（1999a）；Hakanson & Nobel（1998）；Zander（1991）
嵌入程度	需要相关专业知识才能理解其他成员知识 需要相关工作经验才能理解与吸收其他成员的知识	Hakanson & Nobel（1998）；Terpstra & David（1985）；Zander & Kogut（1995）
转移意愿	愿意将自己的工作知识、经验告知其他成员 愿意将工作中的经验教训记录放进团队资料库 决策讨论时，会积极提供意见、方案供领导参考	Szulanksi（1996）；Lyles & Salk（1996）；Hansen（1999）；疏礼兵（2006）
沟通能力	善于将个人知识用简单明了的语言表达分享 善于通过各种形式、渠道与团队成员分享知识 我可以掌握团队其他成员提供的工作知识 能迅速完整地学习自身缺乏的知识，并灵活运用	Suzlnaksi（1996）；Lane et al.（2001）；Mnibvaeactai（2003）
知识距离	团队成员之间经常坦诚的相互交流与倾听 团队成员的知识梯队构成合理 团队成员大多具有丰富的工作经历 团队成员之间讨论和交流专业问题困难	von Hippel（1994）；Shield Abrams（2001）；Cumming（2001）；Cummings & Teng（2003）
激励机制	团队成员在相互交流时会互相遵守承诺 团队成员定期互相交流，了解彼此需求 考核制度经团队成员认可，能公开公平地实施 根据成员绩效、能力，为其提供适合的发展机会	Hamel（1991）；Von Hippel（1994）；Swap，Leonard Cumming（2001）

续表

测量指标	衡量题目	操作化参考来源
转移渠道	团队内部建立了非常完善的技术信息系统 团队知识是规范的、系统的,而非零散的片断 团队成员讨论问题时多用相互理解的表达方式 团队内部成员运用通用的术语和行话相互交流	C M Hsu, M H & Wang, E T G (2006); Leimeister, Sidiras & Krcmar (2004)
文化氛围	"学习"是团队文化中很重要的一部分 我相信大部分团队同事是值得信任的 工作中遭遇困难时,我相信能得到同事的帮助 无论情况如何我的上司都会给我支持与协助	Davenport & Prusak (1998); Ainabile (1994); Suzlanski (1996)

(2) 知识型团队内部知识转移分量表的编制。量表内容如表 7-6 所示,由过程满意度、知识再创度和知识内化度三个维度构成,共计 8 题。此量表以文献探讨的方式,并参考其他学者的相关问卷编制而成。

表 7-6 知识型团队内部知识转移量表

测量指标	衡量题目	操作化参考来源
过程满意度	您对本团队内部知识转移内容的满意程度 您对本团队内部知识转移过程的满意程度 团队内部的知识转移提高了成员的工作效率 团队内部的知识转移提升了成员的专业知识水平	Hakanson & Obel (1998); Nonaka (1991); Suzlanski (1991); Kim & Nelson (2000)
知识再创度	团队内部知识转移在很大程度上提升了技术创新能力 团队内部知识转移缩短了新产品的开发时间	
知识内化度	团队内部知识转移降低了团队对个人的依赖 对转移过来的知识或技术,我们拥有所有权	

(3) 知识型团队绩效分量表的编制。本量表内容如表 7-7 所示,由团队任务绩效、团队满意感、知识技能提升三个维度构成,共计 6 题。此量表以文献探讨的方式,并参考其他学者的相关问卷编制而成。

表 7-7　团队绩效研究量表

测量指标	衡量题目	操作化参考来源
团队任务绩效	我们团队能在预定的时间内完成工作目标 普遍来说我们都满意团队的最终工作成果	Nalder（1990）； Hackman（1987）
团队满意感	我在这个团队中工作很开心 我愿意继续留在现在工作的团队	
知识技能提升	参加团队工作，感觉自己在个人经验和知识上有了提高 参与团队工作，感觉自己在个人专业能力上得到提高	

7.4.3 信度检验

本章就采用 α 系数来分析信度。一般认为克朗巴哈系数值介于 0.7~0.98，则可判定为高信度，0.35~0.7 为信度尚可，若低于 0.35 便予以拒绝。本章各潜变量量表的 Cronbach's α 值都达到了 0.7 以上，符合上述标准（见表7-8）。

表 7-8　量表信度分析

变量	α 值	变量	α 值	变量	α 值
抽象程度	0.8820	嵌入程度	0.9118	转移意愿	0.7577
沟通能力	0.7468	知识距离	0.8116	激励机制	0.7333
转移渠道	0.7176	文化氛围	0.7030	过程满意度	0.7669
知识再创度	0.8517	知识内化度	0.8767	团队任务绩效	0.8343
团队满意感	0.7188	知识技能提升	0.8152		

7.4.4　验证性因子分析

（1）知识转移影响因素的验证性因子分析。为了进一步验证量表的理论构思，本章以调查的全部有效样本为总体，借助统计软件 AMOS 7.0 分别对知识转移的知识特性、成员因素、情境因素进行验证性因子分析，相应地得到了三个 CFA 模型以及每个模型的拟合效果指标，主要包括：拟合优度指数（GFI）、增值拟合优度指数（IFI）、非正态拟合优度指数（TLI）、比较拟合优度指数（CFI）、残差平方根（RMSEA）。

第一，知识特性对知识转移的 CFA 分析模型。模型中二级潜变量为知识特性，两个一级潜变量分别为抽象程度、嵌入程度，该部分包括 4 个题项，如图 7-5 所示。

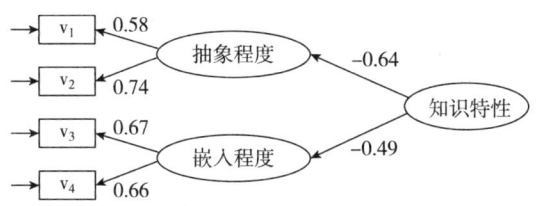

图 7-5 知识转移中知识特性的 CFA 模型

第二，成员因素对知识转移的 CFA 分析模型。二级潜变量为成员因素，三个一级潜变量分别为转移意愿、沟通能力、知识距离，该部分包括 11 个题项，如图 7-6 所示。

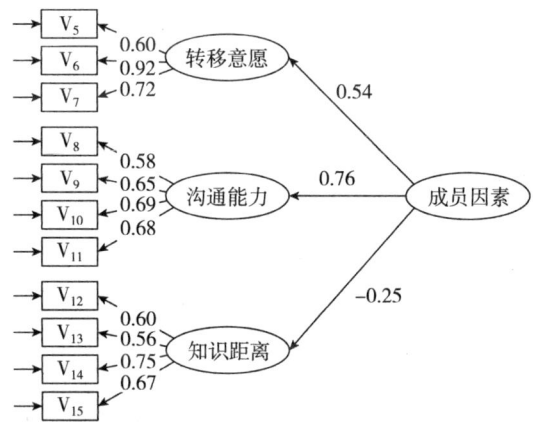

图 7-6 知识转移中团队成员因素的 CFA 模型

第三，情境因素对知识转移的 CFA 分析模型。二级潜变量为情境因素，三个一级潜变量分别为激励机制、转移渠道、文化氛围，该部分包括 12 个题项，如图 7-7 所示。

由图 7-5、图 7-6 和图 7-7 的验证性因子分析结果可见，每个模型中二级潜变量与显变量之间的路径系数均为正，所有路径系数都在 0.05 的显著性水平上显著。

表 7-9 给出了表征测度知识特性、成员因素和情境因素对知识转移影响的 CFA 分析模型拟合效果的统计值。从表 7-9 的结果来看，各项测度指标都比较接近理想值，说明测度模型的拟合效果符合要求。

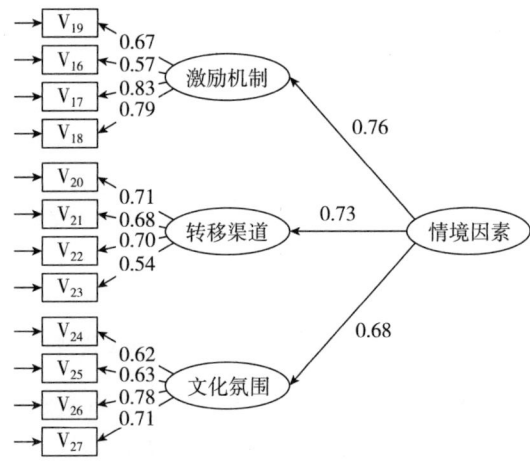

图 7-7　知识转移中情境因素模型的 CFA 模型

表 7-9　模型的 CFA 模型拟合效果

	χ^2/df	GFI	IFI	TLI	CFI	RMSEA
知识特性的 CFA 模型	1.280	0.995	0.941	0.971	0.930	0.041
成员因素的 CFA 模型	1.452	0.928	0.942	0.919	0.940	0.053
情境因素的 CFA 模型	1.782	0.880	0.917	0.957	0.981	0.033

（2）知识转移和团队绩效因子分析。为了检验本章开头提出的关系模型中关于知识转移与团队绩效评价维度的构思的合理性，本章分别对知识转移的三个维度与团队绩效的三个维度进行了验证性因子分析，仍然借助统计软件 AOMS 7.0，相应地得到了两个 CFA 模型，及其拟合效果。

第一，知识转移的 CFA 分析模型。二级潜变量为知识转移，三个一级潜变量为过程满意度、知识再创度和知识内化度，包括 8 个题项，如图 7-8 所示。

第二，团队绩效的 CFA 分析模型。二级潜变量为团队绩效，三个一级潜变量为团队任务绩效、团队满意感、知识技能提升，该部分包括 6 个题项，如图 7-9 所示。

由图 7-8 和图 7-9 的结果可见，每个模型中二级潜变量与显变量之间所有路径系数统计检验在 0.05 显著性水平上显著，测度模型的拟合效果符合要求。

7 搭建知识迁移的高速公路：内部知识转移与知识型团队绩效

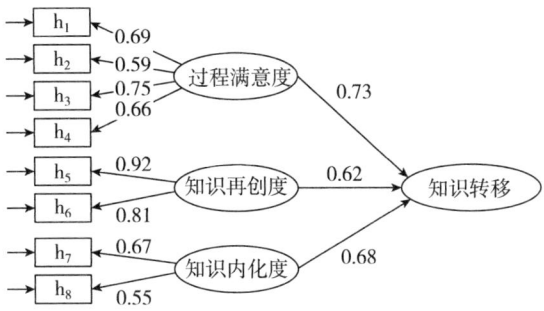

图 7-8　知识转移维度模型的 CFA 拟合效果

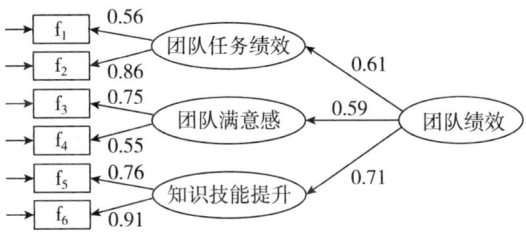

图 7-9　知识型团队绩效维度模型的 CFA 拟合效果

表 7-10　CFA 模型拟合效果

	χ^2/df	GFI	IFI	TLI	CFI	RMSEA
知识转移的 CFA 模型	2.525	0.921	0.912	0.949	0.958	0.015
团队绩效的 CFA 模型	1.179	0.979	0.994	0.984	0.993	0.040

表 7-10 给出了表征测度知识转移和团队绩效的 CFA 分析模型拟合效果的统计值。各项测度指标都比较接近理想值，说明测度模型的拟合效果符合要求。

7.5　假设检验

7.5.1　知识转移影响因素结构方程分析

本章将知识转移的影响因素分为知识特性、成员因素、情境因素三个大类，抽象程度、嵌入程度、转移意愿、沟通能力、知识距离、激励机制、转移渠道和文化氛围 8 个分项。借助结构方程模型，可以将这 8 个分项作为一个整体考虑，得到相应的路径关系系数的标准化估计值、临界比 C.R.、标准差 S.E. 以及假设检验的 p 值（见表 7-11）。

表 7-11 知识转移影响因素的标准路径参数估计

路径	路径系数的标准化估计	标准误差	临界比	p
知识转移<---抽象程度	−0.530	0.106	3.076	0.002
知识转移<---嵌入程度	−0.060	−0.028	0.673	0.601
知识转移<---转移意愿	0.590	0.154	4.380	0.000
知识转移<---沟通能力	0.640	0.149	3.466	0.000
知识转移<---知识距离	0.140	−0.021	0.369	0.507
知识转移<---激励机制	0.560	0.290	3.010	0.003
知识转移<---转移渠道	0.700	0.191	2.038	0.004
知识转移<---文化氛围	0.590	0.121	2.433	0.000

由表 7-11 可以看到，H1a、H2a、H2b、H3a、H3b 及 H3c 检验的路径系数标准化估计的绝对值都大于 0.5，临界比 C.R. 大于推荐标准 1.96，p 值小于 0.05，所以假设得到支持。H1b 与 H2c 检验的各项指标值均未达到推荐标准，假设不成立。

H1b 没有得到支持的原因在于：一般来说知识嵌入程度越高，越难实现知识的有效转移，但是嵌入程度高的知识，本身价值也越大，也就越能引起团队成员的重视。综合这两者的共同影响，造成了结果在统计上并不显著。同样，H2c 没有得到支持的可能原因在于，太小的知识距离导致知识转移过程中新知识含量较低，知识转移双方虽然投入了大量的人力和物力，但是知识接受者获取新知识的数量和质量都十分有限，知识转移效果不佳。

7.5.2 知识转移和团队绩效的结构方程分析

本章将知识转移区分为过程满意度、知识再创度和知识内化度三个维度，将团队绩效区分为任务绩效、团队满意感和知识技能提升三个维度，借助结构方程模型，就知识转移对团队绩效三个维度的影响分别进行分析，得到知识转移与团队绩效维度间的关系模型（见图 7-10）。

7 搭建知识迁移的高速公路：内部知识转移与知识型团队绩效

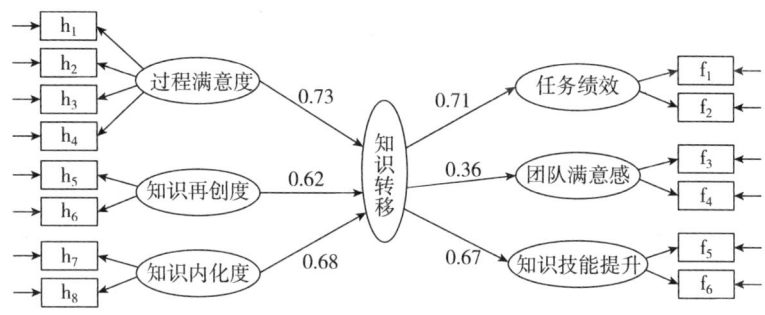

图 7-10 知识转移和团队绩效维度间的关系模型

表 7-12 给出了知识转移和团队绩效维度间关系模型拟合效果的统计值。从表 7-12 中可以看出各项测度指标都比较接近理想值，说明图 7-10 测度模型的拟合效果符合要求。

表 7-12 知识转移和团队绩效维度间的关系模型拟合指标

X^2/df	GFI	IFI	TLI	CFI	RESEA
1.69	0.925	0.906	0.973	0.933	0.022

表 7-13 给出了图 7-10 的关系模型中各潜变量与显变量之间、各潜变量之间所有路径系数及 C.R. 的值等。

表 7-13 知识转移和团队绩效关系的标准路径参数估计

路径	路径系数标准化估计	标准误差	临界比	p
任务绩效<---知识转移	0.710	0.180	4.129	0.040
团队满意感<---知识转移	0.360	0.024	0.510	0.502
知识技能提升<---知识转移	0.670	0.210	3.221	0.000
知识转移<---过程满意度	0.730	0.139	4.221	0.000
知识转移<---知识再创度	0.620	0.195	3.136	0.000
知识转移<---知识内化度	0.680	0.163	3.240	0.004

由表 7-13 可以看到，H4a、H4c 检验得到支持，H4b 各项指标值未达到推荐标准，没有得到支持。因此，知识转移对任务绩效的影响最大，对知识技能提升的影响次之，而对团队满意感的影响并不显著。团队成员在知识转移过程中，更好地完成了团队任务，提高了团队的任务绩效，并且

在此过程中，成员的知识技能得到提升，团队成员在互相学习中迸发出新的思想、新的工作模式，团队的知识、经验水平也得到提升，这点是毋庸置疑的。对于团队满意感，实证研究也证实了知识转移对成员满意感的正向影响并不显著，原因可能是成员的满意感是员工在团队中综合心理感受的描绘，不仅受到工作和谐程度方面的影响，还可能有更为复杂的因素作用，而这些因素并不在本章研究模型的控制之内，这些影响效应交织在一起，造成结果在统计上表现不显著。

7.5.3 控制变量的研究

本节以单因子 ANONA 分析来检验组织统计变量对知识型团队内部知识转移、团队绩效是否具有显著差异性。

（1）团队规模与知识型团队内部知识转移、团队绩效的关系。由表7-14 的分析结果可知，团队规模对知识型团队过程满意度、知识再创度的影响并不显著，而对知识内化度的单因子 ANONA 分析 $p=0.036<0.05$，具有显著性差异。换言之，团队规模对过程满意度、知识再创度的影响是一致的，但对知识内化度的影响有显著差异，进一步采取 LSD 多重比较，以检验各组之间的差异情况。

表 7-14　团队规模对知识型团队内部知识转移的 ANONA 分析结果

因素名称	类别	平均值	标准差	F 值	p 值
过程满意度	2~5 人	3.8929	0.58563	3.932	0.428
	6~10 人	3.7328	0.63714		
	10~15 人	3.8529	0.69630		
	15 人以上	3.9926	0.60140		
知识再创度	2~5 人	3.4286	0.62004	2.161	0.522
	6~10 人	3.4310	0.67776		
	10~15 人	3.2941	0.79173		
	15 人以上	3.3971	0.79563		
知识内化度	2~5 人	3.4857	0.62410	1.726	0.036
	6~10 人	3.3103	0.88070		
	10~15 人	3.5000	0.66144		
	15 人以上	3.7206	0.64661		

表7-15表明，采取LSD多重比较检验各群组之间的差异时发现，"6~10人"组与"2~5人""10~15人""15人以上"三组之间的p值显著，而"2~5人""10~15人""15人以上"这三组之间的p值不显著。这表明，"6~10人"对知识转移过程中知识内化度的影响最显著。

表7-15 团队规模对知识型团队内部知识内化度的LSD分析比较

群组	2~5人	6~10人	10~15人	15人以上
2~5人	—			
6~10人	0.035	—		
10~15人	0.947	0.048	—	
15人以上	0.390	0.026	0.334	—

由表7-16的分析结果可知，团队规模对知识型团队任务绩效、团队满意感和知识技能提升都不具有显著的差异，换言之，团队规模对团队绩效各维度的影响是一致的，均不显著。

表7-16 团队规模对知识型团队绩效的ANONA分析结果

因素名称	类别	平均值	标准差	F值	p值
团队任务绩效	2~5人	3.6429	0.78189	3.723	0.540
	6~10人	3.7241	0.59140		
	10~15人	3.9412	0.65865		
	15人以上	3.7500	0.67700		
团队满意感	2~5人	3.5857	0.72239	2.199	0.897
	6~10人	3.5000	0.62678		
	10~15人	3.4118	0.93934		
	15人以上	3.5000	0.88763		
知识技能提升	2~5人	4.0143	0.88688	3.412	0.745
	6~10人	4.1897	0.64661		
	10~15人	4.2059	0.61387		
	15人以上	4.0735	0.75007		

（2）团队类型与知识型团队内部知识转移、团队绩效的关系由表7-17的分析结果可知，团队类型对知识型团队知识转移的过程满意度、知识再创度

和知识内化度都不具有显著影响,换言之,团队类型对知识转移各维度的影响是一致的,均不显著。

表 7-17　团队类型对知识型团队内部知识转移的 ANONA 分析结果

因素名称	类别	平均值	标准差	F 值	p 值
过程满意度	产品研发团队	3.8421	0.59635	4.369	0.831
	高层管理团队	3.9327	0.59815		
	科学研究团队	3.7596	0.56781		
	咨询顾问团队	3.9400	0.68191		
	信息技术团队	3.9079	0.69327		
知识再创度	产品研发团队	3.3421	0.60214	2.581	0.677
	高层管理团队	3.2885	0.86224		
	科学研究团队	3.4808	0.64001		
	咨询顾问团队	3.5400	0.66018		
	信息技术团队	3.3158	0.74927		
知识内化度	产品研发团队	3.5000	0.50000	2.686	0.603
	高层管理团队	3.4038	0.90575		
	科学研究团队	3.4038	0.66361		
	咨询顾问团队	3.6200	0.71122		
	信息技术团队	3.6842	0.76758		

由表 7-18 的分析结果可知,团队类型对知识型团队任务绩效、团队满意感不具有显著影响,而对知识技能提升的单因子 ANONA 分析发现,p=0.009<0.05,具有显著性差异。换言之,团队规模对团队任务绩效、团队满意感的影响是一致的,但对知识技能提升的影响有显著差异,进一步采取 LSD 多重比较,以检验各组之间的差异情况。

表 7-18　团队类型对知识型团队绩效的 ANONA 分析结果

因素名称	类别	平均值	标准差	F 值	p 值
团队任务绩效	产品研发团队	3.7368	0.88770	3.365	0.251
	高层管理团队	3.8077	0.58441		
	科学研究团队	3.5577	0.68304		
	咨询顾问团队	3.9600	0.74889		
	信息技术团队	3.6053	0.42749		

续表

因素名称	类别	平均值	标准差	F 值	p 值
团队满意感	产品研发团队	3.3947	0.84293	1.452	0.771
	高层管理团队	3.5385	0.88230		
	科学研究团队	3.6346	0.59258		
	咨询顾问团队	3.5600	0.78156		
	信息技术团队	3.3684	0.83070		
知识技能提升	产品研发团队	3.8947	0.90644	3.938	0.009
	高层管理团队	4.3654	0.60922		
	科学研究团队	3.8846	0.69725		
	咨询顾问团队	4.2200	0.69342		
	信息技术团队	4.1053	0.80930		

表7-19表明，采取LSD多重比较检验各群组之间的差异时发现，"产品研发团队"组与"高层管理团队""科学研究团队""咨询顾问团队""信息技术团队"四组之间的p值显著，而"高层管理团队""科学研究团队""咨询顾问团队""信息技术团队"这四组之间的p值不显著。这表明，"产品研发团队"知识技能提升最显著。

表7-19 团队类型对知识技能提升的 LSD 分析比较

群组	产品研发团队	高层管理团队	科学研究团队	咨询顾问团队	信息技术团队
产品研发团队	—				
高层管理团队	0.036	—			
科学研究团队	0.020	0.964	—		
咨询顾问团队	0.044	0.107	0.482	—	
信息技术团队	0.003	0.149	0.609	0.609	—

（3）团队成员受教育程度与知识型团队内部知识转移、团队绩效的关系由表7-20的分析结果可知，团队成员受教育程度对团队内部知识转移的过程满意度、知识内化度不具有显著的差异，而对知识再创度的单因子ANONA分析 $p=0.030<0.05$，具有显著性差异。换言之，团队成员受教育程度对过程满意度、知识内化度的影响是一致的，但对知识再创度的影

响有显著差异,进一步采取 LSD 多重比较,以检验各组之间的差异情况。

表 7-20　成员受教育程度对团队内部知识转移的 ANONA 分析结果

因素名称	类别	平均值	标准差	F 值	p 值
过程满意度	专科	3.8333	0.38925	0.097	0.907
	大学本科	3.9000	0.65774		
	硕士及以上	3.8547	0.62734		
知识再创度	专科	2.9583	0.49810	3.605	0.030
	大学本科	3.3750	0.70486		
	硕士及以上	3.5581	0.71721		
知识内化度	专科	3.5417	0.89082	0.023	0.977
	大学本科	3.5000	0.73646		
	硕士及以上	3.5233	0.68098		

表 7-21 表明,采取 LSD 多重比较各群组之间的差异时发现,"专科"组与"大学本科""硕士及以上"两组之间的 p 值显著,而"大学本科""硕士及以上"这两组之间的 p 值不显著。这表明,"专科"组在知识再创度方面与其他两组存在显著差异。

表 7-21　团队成员受教育程度对知识再创度的 LSD 分析比较

群组	专科	大学本科	硕士及以上
专科	—		
大学本科	0.013	—	
硕士及以上	0.009	0.188	—

由表 7-22 的分析结果可知,团队成员受教育程度对知识型团队满意感不具有显著的差异,而对团队任务绩效、知识技能提升的单因子 ANONA 分析 p 值小于 0.05,具有显著性差异。换言之,团队成员受教育程度对团队满意感影响是一致的,但对团队任务绩效、知识技能提升的影响有显著差异,进一步采取 LSD 多重比较,以检验各组之间的差异情况。

表7-22 成员受教育程度对知识型团队绩效的ANONA分析结果

因素名称	类别	平均值	标准差	F值	p值
团队任务绩效	专科	3.5417	0.54181	2.889	0.060
	大学本科	3.8833	0.64022		
	硕士及以上	3.5930	0.75005		
团队满意感	专科	3.5000	0.67420	0.950	0.390
	大学本科	3.4250	0.90584		
	硕士及以上	3.6395	0.59086		
知识技能提升	专科	4.1667	0.38925	0.212	0.005
	大学本科	4.1333	0.72408		
	硕士及以上	4.0465	0.85783		

表7-23表明，采取LSD多重比较各群组之间的差异时发现，"专科"组与"大学本科""硕士及以上"两组之间的p值显著，而"大学本科""硕士及以上"这两组之间的p值不显著。这表明，"专科"组在团队任务绩效方面与其他两组存在显著差异。

表7-23 团队成员受教育程度对团队任务绩效的LSD分析比较

群组	专科	大学本科	硕士及以上
专科	—		
大学本科	0.012	—	
硕士及以上	0.008	0.816	—

表7-24表明，采取LSD多重比较各群组之间的差异时发现，"专科"组与"大学本科""硕士及以上"两组之间的p值显著，而"大学本科""硕士及以上"这两组之间的p值不显著。这表明，"专科"组在团队知识技能提升方面与其他两组存在显著差异。

表7-24 团队成员受教育程度对知识技能提升的LSD分析比较

群组	专科	大学本科	硕士及以上
专科	—		
大学本科	0.039	—	
硕士及以上	0.006	0.565	—

7.6 结论与讨论

7.6.1 关于"知识型团队内部知识转移影响因素"的讨论

本章关于知识型团队内部知识转移影响因素的所有研究假设如表 7-25 所示,除 H1b、H2c 外,其余假设都得到了支持,没有得到支持的假设前文已经作了相应的解释。从上述研究结果可以得到一些有价值的结论,这些结论对于知识型团队的知识管理、绩效管理有所启示。下面对影响因子进行逐一分析和讨论。

表 7-25 理论假设检验结果汇总

假设	内容	是否成立
H1a	知识的抽象程度对知识型团队内部知识转移有负向影响	成立
H1b	知识的嵌入程度对知识型团队内部知识转移有负向影响	不成立
H2a	知识转移意愿对知识型团队内部知识转移有正向影响	成立
H2b	团队成员的沟通能力对知识型团队内部知识转移有正向影响	成立
H2c	团队成员间知识距离与团队内部知识转移有负向关系	不成立
H3a	知识型团队激励机制的完善程度对团队内部知识转移有正向影响	成立
H3b	知识型团队内部转移渠道的完善程度对团队内部知识转移有正向影响	成立
H3c	知识型团队内部的文化氛围对团队内部知识转移有正向影响	成立

(1) 知识特性。知识特性归纳为两个因子:抽象程度和嵌入程度。H1a 知识的抽象程度对知识型团队内部知识转移有负向影响得到实证支持。抽象程度包括知识的观测性和表达性,观测性是指知识被感知的程度,表达性是指知识的编码程度。这一研究结果对团队管理具有实际指导意义。其一,我们应该提高知识的编码程度,将团队知识表现为文字、语言、符号等团队内部可以共同理解的形式。尤其是对于难以表达的隐性知识,更应该通过一定的形式表现出来,因为这些知识往往对团队创新更重要。当这些知识以一定的形式表现出来的时候,保密问题尤其要重视,这些知识往往是团队保持核心竞争力的源泉,一旦流失对团队甚至对企业的

损失都是不可估量的。其二，培养团队成员对知识的感知能力。由于感知能力是综合能力的表现，操作性较弱，但是我们仍然可以通过对相关知识的涉猎理解，通过培养成员间情感默契，提高团队成员对自有知识和成员知识的感知学习能力。

H1b 知识的嵌入程度对知识型团队内部知识转移有负向影响没有得到实证支持。知识的嵌入程度是指知识对于情景的镶嵌程度。对于知识型团队而言，团队成员各有所长，具有不同的专业背景和知识能力，知识嵌入的特性表现更为突出。一般学者认为，团队知识嵌入于人员、工具或者若干因素所形成的网络之中，会加大知识转移的难度，基于此，我们建立了知识嵌入程度与知识转移负向关系的研究假设。但是实证研究没有证实这一假设，可能的原因在于，高嵌入度的知识会引起组织及成员的格外重视，在转移过程中会投入更多的精力，而这种高关注度会抵消潜在负向影响，导致统计结果并不显著。由此给予我们在管理上的启示就是对于嵌入程度较高的知识我们应该有较高的重视，并且在知识转移过程中，不仅要注重对知识本身的转移，更要实现对知识镶嵌网络的转移。

（2）知识团队成员因素。成员因素归纳为三个因子：转移意愿、沟通能力和知识距离。H2a 知识转移意愿对知识型团队内部知识转移有正向影响得到实证支持。转移意愿表现了团队成员知识分享的意愿。对于团队管理而言应该着力提高成员的转移意愿，具体而言可以构建团队信任，培养团队成员间良好的情意，从而提高成员间知识转移的意愿。例如，成立休闲性社团、家庭日、咖啡联谊会，定期（如每月或每周）举行知识和经验的分享活动，鼓励组织成员组成与工作有关的读书会等。

H2b 团队成员的沟通能力对知识型团队内部知识转移有正向影响得到实证支持。沟通能力主要包括知识源的传授能力和受体的吸收能力。团队成员仅有知识转移的意愿是不够的，还需要有足够的能力将自己掌握的知识用清晰的、有技巧的语言表达出来，使其他成员更容易理解、接受，而对于知识的吸收方还需要有能力去辨识知识的价值、获取外部信息、消化吸收并加以开发利用。鉴于此，在团队管理的过程中，一方面应该加强教育培训的力度，招募知识水平与经验能力较为先进的员工以促进知识在组织内部的扩散分享；另一方面要不断开发有效的学习方法，鼓励员工勇于创新，提倡干中学和实践中学习，进而强化团队成员的知识沟通能力。

H2c 团队成员间知识距离与团队内部知识转移有负向关系没有得到实证支持。主要是因为当知识距离过小的时候，可能会导致知识转移过程中新知识含量较低，团队成员从知识转移中获取新知识的数量和质量十分有限。所以团队成员间的知识距离过大或过小可能都不利于团队内部知识转移的实现。对于团队管理的实践意义在于对团队成员的选拔和结构优化提出了较高的要求。在进行团队成员的选择上需要考虑到团队成员的学历背景、知识结构、工作经历、专业经验等方面构成的多元化。

（3）情景因素。情景因素可以归纳为三个因子：激励机制、转移渠道和文化氛围。H3a 知识型团队激励机制的完善程度对团队内部知识转移有正向影响得到实证支持。对于团队管理的实践意义在于，团队领导应该通过各种激励机制引导成员进行知识转移，例如通过一定绩效指标对在知识转移过程中表现显著的成员予以物质和精神上的奖励。

H3b 知识型团队内部转移渠道的完善程度对团队内部知识转移有正向影响得到实证支持。本章将知识转移的渠道区分为硬渠道和软渠道两个方面，其中硬渠道是指团队内部的知识管理系统，而软渠道指内部沟通机制。该结论对于管理实践的意义在于，我们应该利用计算机群体、电子邮件、网络等技术构建强有力的知识管理平台，帮助内部成员之间知识的交流和共享，激发员工的创新思维。同时构建有效的学习机制解决软渠道方面存在的问题，例如教育培训、经验交流会等正式学习机制以及通过干中学、用中学、研究开发中学、非正式交流等非正式学习机制积累自身知识和经验。

H3c 知识型团队内部的文化氛围对团队内部知识转移有正向影响得到实证支持。对于团队管理的实践意义在于，团队应该积极构建有利于知识共享的环境，构建相互信任的文化氛围。具体而言，要激发人性中利他的一面以及建立团队依赖感与亲密感等多种途径来培养真诚合作的团队文化，也可通过对"搭便车"行为的惩罚来避免机会主义倾向。

7.6.2 关于"知识转移—知识型团队绩效"的相关讨论

本章关于知识型团队内部知识转移和团队绩效间关系的所有研究假设如表7-26所示，并且全部得到了支持。从上述研究结果可以得到一些有价值的结论，这些结论对于知识型团队的知识管理、绩效管理有所启示。

表 7-26 理论假设检验结果汇总

假设	内容	是否成立
H4a	知识型团队内部知识转移对团队任务绩效有正向影响	成立
H4b	知识型团队内部知识转移对团队满意感有正向影响	成立
H4c	知识型团队内部知识转移对团队知识技能的提升有正向影响	成立

本章将团队绩效划分为团队任务绩效、团队满意感以及知识技能提升三个方面，在此基础上提出知识转移对团队绩效影响的三个假设：H4a、H4b、H4c。实证结果表明知识转移在团队绩效的三个维度均有显著正向影响，假设得到支持。

研究发现知识转移对团队任务绩效的影响最大，对知识技能提升的影响其次，而对团队满意感的影响最小。团队成员在知识转移过程中，更好地完成了团队任务，提高了团队的任务绩效，并且在此过程中，成员的知识技能得到提升，团队成员在互相学习中迸发出新的思想、新的工作模式，团队的知识、经验水平也得到提升，这点是毋庸置疑的。

对于团队满意感，实证研究也证实了知识转移对成员满意感有显著的正向影响但是相对其他两个维度较低，原因可能在于成员的满意感是员工在团队中综合心理感受的描绘，不仅受到工作方面和谐程度的影响，还可能有更为复杂的因素的作用，而这些因素并不在本章研究模型的控制之内，这些影响效应交织在一起，在统计上表现为相对显著性较弱。该部分的研究成果对于团队管理的实践而言，为了保证团队绩效尤其是任务绩效出色地完成，应该认真把握团队内部知识转移的作用机制，有针对性地采取措施，同时还应当采取其他的一些措施，保证团队成员有较高的团队满意度，弥补知识转移对团队满意感方面相对较弱的影响，从而降低成员的流动性，保证团队的稳定性和正常运作。

7.6.3 关于控制变量的讨论

本章关于控制变量对知识型团队内部知识转移和团队绩效的所有研究假设如表 7-27 所示，除 H5b、H6a 外，其余假设得到了部分支持。从上述研究结果可以得到一些有价值的结论，这些结论对于知识型团队的知识管理、绩效管理有所启示。

表 7-27　理论假设检验结果汇总

假设	内容	是否成立
H5a	团队规模对知识型团队内部知识转移的影响差异是显著的	部分成立
H5b	团队规模对知识型团队绩效的影响差异是显著的	不成立
H6a	团队类型对知识型团队内部知识转移的影响差异是显著的	不成立
H6b	团队类型对知识型团队绩效的影响差异是显著的	部分成立
H7a	团队成员受教育程度对团队内部知识转移的影响差异是显著的	部分成立
H7b	团队成员受教育程度对知识型团队绩效的影响差异是显著的	部分成立

H5a 团队规模对知识型团队内部知识转移的影响差异显著，得到部分支持，进一步采取 LSD 多重比较检验各组之间差异情况，"6~10 人"组在知识转移的知识内化度维度方面表现最显著。究其原因可能是，团队规模太大导致成员间的信任、情感下降，影响团队成员对转移知识所有权的拥有。团队规模过小，成员间的竞争关系显得针锋相对也不利于知识内化的实现，从这个角度来看，"6~10 人"是一个最优的团队规模。

H6b 团队类型对知识型团队绩效的影响差异显著，得到部分支持，进一步采取 LSD 多重比较检验各组之间差异情况发现，产品研发团队在团队绩效知识技能提升维度表现最显著。原因可能在于，知识型团队几大类型中产品研发团队对技术的要求最高，通过知识转移活动对技术的提升也最显著。

H7a 团队成员受教育程度对团队内部知识转移的影响差异显著，得到部分支持，进一步采取 LSD 多重比较检验各组之间差异情况发现，"专科"组在知识再创度方面与其他两组相比明显较低。原因在于，团队成员受教育程度影响到团队成员的知识存量、质量以及对转移知识的接受、运用能力，从而导致了"专科"组在知识再创度方面的显著差异。

H7b 团队成员受教育程度对知识型团队绩效的影响差异显著，得到部分支持，进一步采取 LSD 多重比较检验各组之间差异情况发现，"专科"组在团队任务绩效、知识技能提升两个方面明显低于其他两组，原因可能在于，"专科"组在知识转移方面的低水平影响到团队绩效的提高。尤其是在知识再创度上的差异，严重影响了成员和团队的创新，进而导致团队任务绩效和知识技能提升方面显著差异。

8 为"经验"插上翅膀：团队内部粘滞性知识共享模型构建

8.1 引言

随着知识经济时代的到来，知识已经成为当今最具战略性的资源之一。组织核心竞争能力的培育和维护在很大程度上取决于对知识的管理能力。而在知识管理的诸多环节中，知识共享是非常关键的一环。员工层面的知识只有通过共享才能上升到组织层面，更好地实现经济效益。组织层面的知识也只有通过共享才能产生协同效应，更好地形成竞争优势。近年来，许多专家、学者从显性、隐性知识的角度对知识共享进行了不少研究。但是，本书认为知识共享过程中最关键的并不是知识的可表达性、可编码性，而是知识的可流动性，即知识粘滞性的问题。鉴于粘滞性知识的重要性，本章试图从这一角度对团队内部知识共享的模式进行探讨。

8.2 关于粘滞性知识和知识共享的综述

8.2.1 粘滞性知识的国内外相关研究

1994 年，Von Hipple 首先发现并明确地提出了粘滞信息（Sticky Information）和信息粘滞（Information Stickiness）这一概念。"通常在技术问题解决过程中所需要的信息的获得、转移和在一个新地点应用是需要成本的，我们称之为信息的'粘滞'（Sticky）"。Von Hipple 有关粘滞信息的界定从知识流动的难易程度方面给了知识一种新的认识视角，使后来学者在讨论知识的流动性方面有了明确的概念。此后的大部分研究也都沿袭了 Von Hipple 在 1994 年界定的知识粘滞性描绘知识流动难易程度的核心概念。国内关于粘滞知识的研究相对较晚，数量也不多，粘滞性知识这一概念还未进入学术主流的视野，大部分的研究还停留在对显性、隐性知识的探讨。已有的主要研究也并不深入。王毅和吴贵生（2001）界定了粘滞知识、剖析了产学研合作中粘滞知识的成因，并探讨了克服粘滞的途径，提出粘滞知识转移的理论模型；张玲玲和罗红明（2006）分析了知识密集型企业粘滞知识转移的障碍，提出了提高粘滞知识转移效率的模型以及对策。

8.2.2 知识共享的国内外相关研究

在知识共享的大量定义中，根据其关注的视角，大致可分为三类。①沟通的视角。Bostrom（1989）认为有效的知识共享是团体中人与人之间的一种相互理解与尊重。Hendriks（1996）指出知识共享是一种沟通的过程，当一个人向别人学习东西、共享知识的时候，自己也必须有一个知识重构行为。②学习的视角。Nancy（2000）则基于学习的角度，认为共享就是使人知晓，将知识分给他人，与对方共有这种知识，它的极致是使整个组织都知晓。③市场的视角。Davenport 和 Prusak 将知识共享过程看作是企业内部的知识参与市场的过程，与其他商品与服务一样，知识市场也有买方、卖方，市场的参与者都可以从中获得好处。此外，不同的学者对于知识共享的理论基础、影响因素、管理手段及知识共享的测量等方面进行了不同层面的分析。而国内对于知识共享的研究主要建立在国外研究成果的基础之上。

8.3 团队内部粘滞性知识的共享模型

粘滞性知识形成于知识共享的过程中，为了更好地控制粘滞性知识的产生，我们有必要对其成因进行深入分析。在此笔者从知识共享主体（团队成员）、共享客体（知识）、共享媒介（共享渠道）以及团队所处的外部环境四个方面对粘滞性知识的形成进行探讨，并提出粘滞性知识的形成模型。

8.3.1 源于知识本身的粘性

知识作为共享的客体，其本身的一些特征会在很大程度上影响团队内部知识的流动性。知识对团队的重要程度、知识的抽象程度、知识的情景嵌入程度以及知识的时效性是其中较为重要的四个因素。

（1）知识的重要程度。即团队成员的共享知识对团队创造价值、提升核心竞争能力方面发挥作用的程度。当员工掌握了团队甚至是企业的核心知识时，同他人共享则意味着将自己在这一领域内的优势拱手让出。所以员工为了稳固自己在组织中的地位和优势，会本能地对知识共享产生抵触，使知识在共享过程中的粘性增加。

（2）知识的抽象程度。抽象性是指知识的可观测性和可表达性。可观测性表现的是知识被感知的程度。除却一些可以以文字、数字等形式清楚表达的知识外，其存在形态更多的表现为对事物的洞察力、知觉和预感，这些在经验中形成的隐性知识，在很多情况下知识源本身也难以感知，这样就为知识共享提高了难度。而知识的可表达性则表现的是知识的可编码程度。大多数的隐性知识即便可以被知识源和外界感知，但是由于知识的经验性强、缄默度高、缺乏具体表现形式，使得团队内部知识的获取、转移以及共享成本高昂，在新情景下的应用变得困难，形成粘滞性知识。

（3）知识的情景嵌入程度。国内外学者一致认为知识是一定情景下的产物，镶嵌在一定的情境之中。由于团队是由不同特质的成员组成的独特实体，而每个成员又各自运行在特定的情景之中，并有不同的知识运用能力。所以成员的自有知识对成员本身、文化氛围、技术水平、外部环境等因素不可避免地存在一定程度的依赖。如果知识对其产生情景的依赖程度过高就会影响知识共享过程中双方对知识的准确传播和理解，增加知识的粘性。

（4）知识的时效性。所谓知识的时效性是指知识成果发挥作用的大小和产生效益的时间长短。一般而言，使用价值越大，延续时间越长，其时效性也就越强。随着时间的推移，知识的价值是会发生变化的。如果将知识视为一种产品，它同样有从产生到淘汰的生命周期，生命周期的不同阶段知识的粘性也不相同（见图8-1）。T1是某知识验证期，这一阶段一种新知识的价值可能还没有得到认同，知识受体对一种新的知识是否信任将是影响知识粘性的关键。T2是膨胀期，这一知识得到认可，理论不断完善，运用不断拓宽，知识源对自身知识的保护意识必然增强，成为知识共享过程中产生粘性的关键。T3是成熟期，这一阶段的时间长短取决于新知识的挑战。如果知识源可以有效意识到原有知识的时效性，积极共享知识，参与新知识的创新，将会大大降低知识的粘性。T4是衰退期，这一阶段由于新的知识得到验证且更加有价值，原有知识价值迅速下降，这时知识的粘滞性随之降低，但是共享的意义已经相对降低。

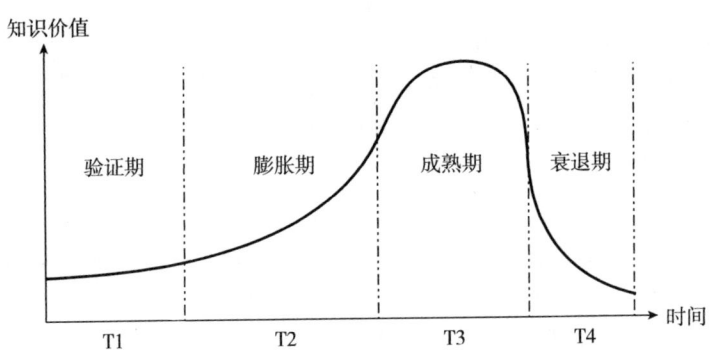

图 8-1　组织知识的实效变化

8.3.2　源于团队成员的粘性

在团队知识共享的过程中每个成员都既是知识源又是知识受体，所以团队内部成员的素质将对共享知识的粘滞性产生重要影响。

（1）团队成员对知识的共享意识。团队成员的共享意识主要包括知识源的知识转移意识、知识受体的吸收、保留意识三个方面。知识源的转移意识即知识拥有者对自有知识的保护程度。团队成员的自有知识是一定时间、资金和精力的凝结，这些知识的存在显示出他们对团队的重要性和在团队中地位的稳固性。出于利己主义考虑，隐匿自己独特知识的倾向也不可避免。知识受体的吸收意识反映的是知识受体对共享知识的主动参与程度和对知识源战略意图的了解程度。而知识受体的保留意识反映的是共享知识保持下来的程度。一般情况下知识源的转移意识越差，知识受体的吸收、保留意识越弱，形成粘滞知识的可能性也就越高。

（2）团队成员的沟通能力。沟通能力是在一定的组织情境下，共享双方通过合适的行为展示进行知识交流的能力，主要包括知识源的展现力、编码能力以及知识受体的理解力、消化吸收能力等。知识共享中知识源仅有共享倾向是不够的，还需要有足够的能力将自己掌握的知识用清晰的语言表达出来，必要时还需要借助一定工具进行反复地讲说、演示，使知识受体更易于理解、接受。同样，对于知识受体而言，原有的知识存量是否可以准确评估外部的信息和知识，是否可以充分接受、理解共享知识的战略意图，是否可以积极消化并因地制宜地应用这部分知识，对于知识粘性的产生同样重要。一般而言，团队中知识源和知识受体之间的沟通能力越强，形成粘滞性知识的可能性就越低。

（3）成员间的信任程度。社会交换理论认为，人们之间的所有接触都以给予和回报等值这一形式为基础，互惠是社会交换的典型形式，而预期的互惠关系又是建立在信任的基础上，所以团队成员间的信任关系对于知识共享的成功至关重要。只有团队成员间建立起信任，即知识源确信知识受体可以保证知识不被泄露并且自己可以从知识的运用中得到等值回报。而知识受体对知识源共享知识的可行性、完整性也毫不怀疑。这样知识共享才能够顺利进行，知识的粘滞性才会自然地降低。

8.3.3 源于共享渠道的粘性

团队内部是否有健全、完善的知识共享网络对于知识流动的难易也是很重要的。一般而言，团队内部的知识流动网络越健全，沟通渠道越完善，知识管理越充分，共享过程中的粘滞性知识产生的可能也就越低。

（1）知识流动网络。知识流动网络是团队内部成员交流的渠道和资源配置的平台，不仅包括以现代通信技术、计算机软硬件技术、网络技术为支撑的知识库、信息网络，还包括团队内部人际关系网络等。通过知识流动网络将团队中的知识拥有者、知识的输出点，需求者、输入点连接起来，将团队内部离散、无序的知识系统起来，进而可以在团队内部畅通地流动，共享知识粘滞性也就降低了。

（2）沟通机制。知识在团队内部的流动不仅需要硬渠道的支持，同时也需要软渠道的帮助。团队内部的沟通机制包括共同的语言、共同的专业知识以及其他形式的沟通符号等。其中共同的内部语言是沟通机制的关键，共同语言使人们在共享知识的过程中可以更加容易交流、理解。企业内部共同语言、沟通符号建立得越好，成员间专业知识的相通性就越高，知识在共享中产生粘滞性的可能也就越低。

（3）知识管理的团体。据波士顿的一项调查资料显示，全球500强企业中有将近400家已经设置了CKO（首席知识官）或CLO（首席学习长官）这一职务，并建立起完善的知识共享体系。作为企业知识管理系统的规划者、协调者和发言人，知识管理群体可以充分利用团队知识管理系统和各种其他策略来组织团队知识管理活动，使团队可以充分利用已有的知识资本，消除团队内部知识交流的障碍，建立团队内部以及团队与外部环境互通知识的渠道。

8.3.4 源自环境的知识粘性

在这里笔者将团队成员所处的环境分为大情境和小情境，所谓的大情境就是指团队成员共同工作的团队环境，大情境对于团队员工而言是相同的，主要包括团队的文化氛围、激励机制、规模结构、政策规章。而小情境则是相对于员工个体而言那些对其知识的形成、获取、理解产生影响的情景，例如个人的心智模式、知识背景、文化底蕴。

（1）源于大情境的知识粘性。第一，团队的文化氛围。有调查显示，在阻碍企业知识共享的诸因素中，排在首位的是企业文化。团队内部的文化氛围是合作还是竞争，是信任还是猜疑，是鼓励学习创新还是沉闷保守对于成员内部能否顺畅地进行知识共享至关重要。团队的文化氛围越是积极合作、友好信任、鼓励创新，粘滞知识形成的可能性就越小。第二，团队的激励机制。团队成员处于利己主义考虑会倾向于保护自有知识，所以要让知识在团队内部充分共享，就不得不在激励机制上下功夫。为知识共享主体提供充分的激励诱因，例如一定的物质奖励、客观的获利前景、充分信任的组织环境、描绘组织的正向结果期待都会使共享主体有充分的动机实现知识共享。第三，团队的规模和结构。一般而言团队规模越大、机构设置越复杂，内部成员交流沟通就越艰难，知识转移的速度也就越慢。适中的规模、扁平化、柔性化的结构设置，一方面有利于内部良好的人际关系网络构建，另一方面也利于知识共享过程中成员间无拘束的交流，更好地实现粘滞性知识的共享。

（2）源于小情境的知识粘性。第一，心智模式。心智模式是指人们内心深处长期保留的对世界的看法，以及日常生活的点滴领悟积累而成的思维定式。当人们尽力搞清楚环境，并理解和分析环境的时候，就用到了心智模式。心智模式可以帮助人们搞清事物间的关系，明确对问题的理解，发现解决问题的方案。但是由于团队成员的思维定式常常是潜意识长期形成的，而且员工个体知识的发现又常常是镶嵌在心智模式之中，所以，团队成员之间心智模式的差异会无形中增加知识共享的难度，提高知识的粘滞性。第二，背景知识。背景知识是指储存于长期记忆中的各种各样的知识。团队成员由于成长过程中所处的生活背景不同，接受的文化教育背景不同，文化底蕴的深度不同，对知识的敏感点、理解点也就各有差异。一般而言，员工间知识背景的关联性、相似性越好，彼此之间进行知识共享时粘滞性也就越低。

8 为"经验"插上翅膀：团队内部粘滞性知识共享模型构建

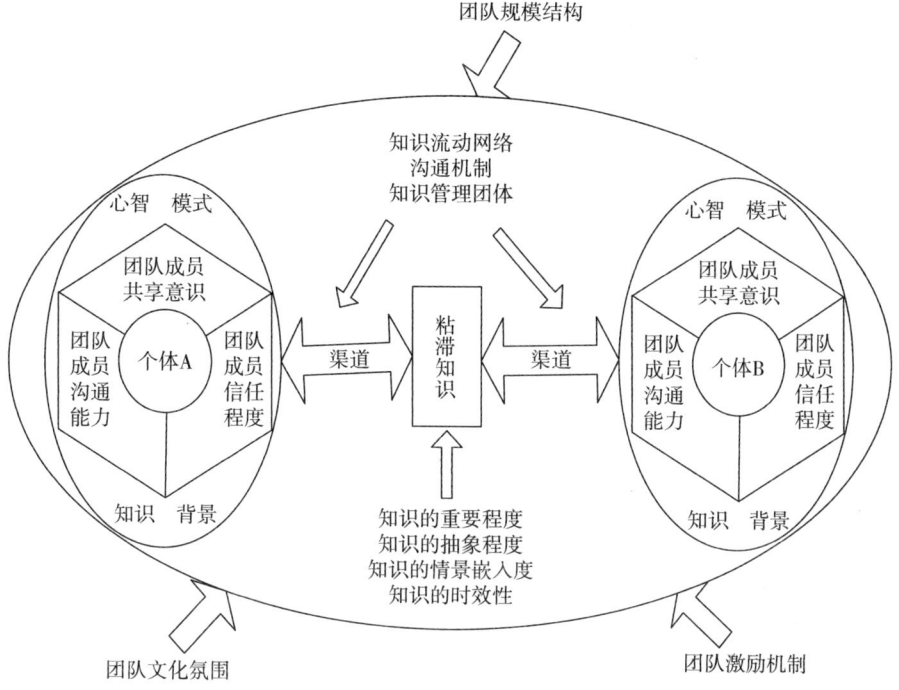

图 8-2　团队中粘滞知识形成模型

8.4　降低共享知识粘滞性的管理对策

通过上述分析，我们可以清楚地看到知识在团队内部的顺畅共享对增强团队成员的沟通积极性、提高掌握知识的能力以及塑造企业核心竞争力方面都至关重要。笔者在前文分析的基础上，同样从知识共享的主体、客体、媒介以及环境四个方面对如何降低知识的粘滞性提出对策。

（1）加强团队内部的知识管理。由于知识共享过程中的粘滞性知识常常具有抽象程度高、情景嵌入度高、重要性高等特征，所以要降低共享知识的粘滞性就必须加强团队内部的知识管理。第一，对隐性知识进行编码。知识共享过程中粘滞性最强的知识多为高度抽象且对知识源高度依赖的隐性知识。只有将这部分知识最大限度地可视化才能真正降低由知识特性带来的粘滞性。第二，加强知识管理的制度化。通常的做法是建立规范的知识分类制度、知识标识制度等，将知识按岗位、范围、常规甚至是灰度进行分类，便于知识管理。

（2）提高团队组织的综合素质。第一，提高团队成员的个人素质。知识共享过程中粘滞性知识的产生在很大程度上取决于共享主体的个人素质。所以团队中每位成员都应该加强自身学习、吸收、理解知识的能力，提高知识共享中的编码、解码能力。从思想上破除路径依赖和学习惰性，采用多种方式提高知识转移和吸收的能力。第二，组织充分的团队学习。当组织系统有规律地分享每个成员的知识，并集中思考他们的经验时，就形成了团队学习。团队学习是对个人学习的集成，是整个团队系统思考的过程。通过公开讨论、对话等形式将团队成员的个人观点、知识、技术和经验在较大范围内展现出来，大家互相理解的同时也会引发更多的思考甚至是知识的创新。

（3）健全知识共享的交流平台。第一，企业应该逐步建立起以信息技术、网络技术、电子邮件为支撑的知识管理平台，将团队内部所有成员的学习成果和经验在网络上便利地共享，使知识的传播、创新更加快捷方便。同时专门的知识管理人员也应该积极地把知识拥有者和需求者联结在一起，使他们可以更出色地完成任务。第二，加强人际关系网络建设。传统文化的影响下，员工间的知识共享很大程度上取决于人与人之间的关系，所以人际关系网络这一知识共享的软平台对知识共享的重要性尤为突出。团队需要创造更多的机会使员工彼此认同，例如提供免费的咖啡室、拓展训练、各种娱乐活动等，以此增进团队成员间的了解和信任，促进粘滞性知识的流动，从而在团队内部更好地实现知识共享。

（4）改善知识共享的外部环境。第一，建立信任的文化氛围。有效的知识共享不仅需要各种硬件、软件系统，更需要建立有利于知识共享和增值的文化氛围。由于大部分的粘滞性知识是含蓄的隐性知识，这就需要建立信任的文化氛围，改变知识的存在形态，扩大知识的表达程度，克服成员间在观念、文化上的差距，促进知识在源体和受体之间的转移，降低粘滞知识的粘性。第二，建立科学合理的激励机制。科学合理的激励机制首先需要健全的奖励体系，将知识共享行为纳入到知识管理体系，使员工知识共享的行为与个人和团队的绩效联系起来。基于共享知识的质量、数量以及给组织带来的实际效益，进行科学公正的评估，相应地给予奖励，消除员工知识共享的后顾之忧。同时还要加强对员工内在激励机制的建立，对于成员共享的知识应该给予及时的肯定，尤其是当员工的共享知识被组织利用并产生巨大价值的时候，这种肯定会使员工感到自身的价值，满足他们自我实现的需要,进一步激发他们知识共享的意愿。第三,构建适宜的组织结构。团队规模、机构设置都会影响粘滞性知识的产生,影响知识共享的速度和程度,所以团队的设计应该有利于知识的引导、传播和创造。一般而言团队规模应该适中,过大不利于成员间的交流互动,过小又会限制团队思维的多样性和创造性。

结束语

本书围绕中国组织情境下如何构建高绩效知识型团队这一核心问题展开研究，针对互联网背景以及本土文化中"高差序格局""多圈子""集体主义导向明显""人情关系重""代际差异突出"等特点，尝试从测量与评价、领导与成员关系、员工管理、知识管理四个视角，系统地阐释不同因素与知识型团队绩效的互动关系，借助规范的研究方法，对所提出的理论模型和测量工具进行实证检验，结果发现：

第一，本书的研究基于两方面的平衡——"结果与过程的平衡""现在与未来的平衡"来认知知识型团队绩效内涵，认为知识型团队绩效是一个二阶三维结构。第一层结构包括目标绩效、关系绩效、成长绩效三个维度：目标绩效是知识型团队所提供最终知识性服务和产品对于目标客户知识缺口诉求的满足程度，包括任务绩效和创新绩效两方面。关系绩效是关于知识型团队动态互动中，团队成员与其他团队主体（领导者、团队其他成员以及团队工作本身）所形成互动关系质量的一种描述，包括情感信任和合作意愿两个子维度。成长绩效是知识型团队完成任务所获得的预期收益，包括知识技能提升、团队心理资本提升和团队互动能力。

第二，以"目标绩效—关系绩效—成长绩效"的知识型团队绩效三维度测量模型为基础，针对企业研发团队成员知识水平高、工作技术含量高、团队学习能力强、团队创新能力强等特点，构建了"产品绩效—项目绩效—人员绩效"企业研发团队绩效评价的理论模型。从战略、行为和功能三个方面系统评价企业研发团队绩效，并以此为基础进一步确定企业研发团队绩效评价的指标体系，包括 9 个二级指标和 21 个三级指标，通过层次分析法设定了权重，根据指标内容设置了绩效评价标准，最终形成了企业研发团队绩效评价体系。

第三，以社会交换理论和互惠理论为基础，选择团队层面 LMX 与团队创新之间的关系为研究焦点，通过中介调节效应模型的构建对它们之间的影响机制进行验证。模型测量统一在团队层面上，研究发现：团队层面 LMX 对团队创新有显著正向影响；团队层面 LMX 通过团队合作间接影响团队创新；团队中 LMX 差异会加强团队 LMX 与团队创新之间的正向关系。与同类研究相比，本书从社会交换的视角以及团队层面探讨了领导与创新之间的关系，丰富了相关研究思路。通过中介与调节效用检验，进一步打开了 LMX 与其结果变量在高层次影响的"黑箱"。

第四，知识团队中领导成员交换关系差异可以有效地预测成员的工作态度：成员感知到团队中领导成员交换关系差异越大，成员对团队的情感承诺越小，离职的倾向性越强。知识团队中成员间信任在领导成员交换关系差异与成员工作态度之间起中介作用：团队中领导成员交换关系差异明显，一方面会减小成员之间的社会相似性，阻碍彼此之间的有效沟通；另一方面会降低成员对团队公平的感知，这两方面因素的共同作用使成员相互信任的程度减少，成员对团队的嵌入性下降，表现出较低的情感承诺和较高的离职倾向。

第五，新生代知识型员工离职意向的产生主要来源于 7 大类因素，分别为：工作特征匹配、投入回报、组织适应性、群体互动效果、成就动机满足、个体胜任力以及外部环境压力。其中，前六个因素的因子得分越高，离职动机越小，而最后一个因素的得分越高，离职动机越大。不同因素对新生代知识型员工流动的影响程度差异，按照影响强度大小依次为：成就动机满足、投入回报、组织适应性以及群体互动效果、外部环境压力、工作特征匹配和个体胜任能力。

第六，知识型团队内部知识转移的影响因素可以概括为知识特性、知识团队成员因素、情景因素三大类。其中，知识特性归纳为两个因子：抽象程度和嵌入程度。成员因素归纳为三个因子：转移意愿、沟通能力和知识距离。情景因素可以归纳为三个因子：激励机制、转移渠道和文化氛围。不同影响因素对知识转移的影响存在差异：知识的抽象程度对知识型团队内部知识转移有负向影响；知识转移意愿对知识型团队内部知识转移有正向影响；团队成员的沟通能力对知识型团队内部知识转移有正向影响；知识型团队激励机制的完善程度对团队内部知识转移有正向影响；知识型团队内部转移渠道的完善程度对团队内部知识转移有正向影响；知识型团队内部的文化氛围对团队内部知识转移有正向影响。知识转移在团队绩效的三个维度均有显著正向影响：知识转移对团队任务绩效的影响最大，对知识技能提升的影响其次，而对团队满意感的影响最小。

第七，从知识共享主体、共享客体、共享媒介以及外界环境四个方面构建了团队内部粘滞性知识的共享模型。该模型指出知识对团队的重要程度、知识的抽象程度、知识的情景嵌入程度以及知识的时效性是其中较为重要的四个因素。在团队知识共享的过程中每个成员既是知识源又是知识受体，所以团队内部成员的素质将对共享知识的粘滞性产生重要影响：团队内部的知识流动网络越健全，沟通渠道越完善，知识管理越充分，共享过程中粘滞性知识产生的可能也就越低。团队成员所处的环境对团队知识共享也有显著影响，这种环境可以细分为大情境和小情境，所谓的大情境就是指团队成员共同工作的团队环境，大情境对于团队员工而言是相同的，主要包括团队的文化氛围、激励机制、规模结构、政策规章。而小情境则是相对于员工个体而言那些对其知识的形成、获取、理解产生影响的情景，例如个人的心智模式、知识背景、文化底蕴。

本书的创新点和理论贡献主要表现在以下五个方面：

第一，以知识型团队的长期发展为目的，从"目标—关系—能力"三个方面重新理解知识型团队绩效结构，避免"结果观"认知下的短期功利行为，丰富知识团队绩效内涵的同时推进知识型团队绩效测量技术的发展。已有研究对知识型团队绩效的界定采用单一的"结果导向观点"，并未反映知识型团队围绕团队目标将不同的智力资本进行整合加工并产生新知识的过程以及团队能力的提升。这种单一的绩效观过分强调结果，容易导致团队领导者和成员过高工作压力和短期功利行为，不利于知识型团队长期竞争力的提升。因此，本书将知识型团队绩效看成一个多维度构念，以知识团队运行整个过程中知识流的变化为基础，综合团队绩效的结果观、过程观和能力观，从目标—关系—能力三个方面理解知识型团队绩效的内涵，并以此为基础开发相应的测量工具，推进团队测量技术的发展。

第二，将领导成员交换关系理论的探索推广到团队层面，并从团队沟通的视角来阐释团队领导成员交换关系与团队创新绩效之间关系的"黑箱"，从广度和深度上拓展了知识型团队运行机制的理论研究。具体来说，本书打破了"同一领导对不同下属采用相同管理方式"的一贯假设前提，从差异和动态角度探索领导—成员交换关系对团队任务绩效的影响，这更加贴近团队运行的实际情况。突破了已有文献中强调"个人层面与对偶层面LMX对员工影响"的研究模式，在更高的团队层面上分析LMX对团队输出的影响机制，并通过主效应、中介效应以及调节效用的验证进一步揭开了团队层面 LMX 与知识型团队产出之间的"黑箱"。

第三，挖掘中国文化特色因素，选择领导成员关系差异作为知识型团队管理效能的重要前因。将差序格局理论研究拓展至更高的团队层面，同时从团队信任的视角来阐释差序格局对知识型团队工作态度的有效性，深入揭示了领导成员交换关系差异作用发挥的内在逻辑。已有文献对知识型团队中领导有效性问题的探索主要遵循西方领导理论的研究热点，选择变革型领导作为前因变量，对于中国组织情境中普遍存在的领导成员交换关系差异并未给予充分关注。另外，领导成员交换关系差异相关研究处于起步阶段，研究层次仅限于个体层面，对于团队以及更高层面的探索鲜有涉及，针对知识型团队的研究更是匮乏。因此，本书选择领导成员交换关系与知识团队创新之间关系展开研究，一方面突出中国组织领导的文化特色；另一方面也拓展现有领导成员交换关系的研究框架和层次。

第四，站在追随者的视角，构建了"新生代知识型团队员工的离职倾向模型"和"新生代知识型员工的内隐领导原型"，突破了知识型团队员工管理方面过分强调领导者中心的理论视角，补充了追随者中心理论的内容，并为知识型团队员工管理提供新的思路。

已有文献普遍将新生代知识型员工独特的个人特质作为离职和偏离行为的前提假设，研究多站在管理者的视角，挖掘哪些外部因素会影响离职意向。此外，相关研究框架受国外模型限制较大，忽略文化差异。对此，本书从整合视角探索新生代知识型员工群体的离职倾向和内隐领导原型，系统地描绘了离职倾向产生的路径图，弥补了已有研究结论相对零散的缺点，为学者们进一步探索该群体离职倾向动因模型，探索中介和调节效应奠定了基础，同时也是对本土化管理理论的一种补充。

第五，面对碎片化学习方式，本书强调构建内部知识管理系统的重要性，构建了内部知识转移模型和粘性知识共享模型，为知识管理团队有效赋能提供理论支持。其中，内部知识转移模型，从知识特性、团队成员因素以及团队情境因素三个方面系统地探寻内部知识转移的影响因素，并详细分析了不同影响因素与知识转移（过程满意度、知识再创度和知识内化度）、团队绩效（任务绩效、团队满意感和知识技能提升）之间的关系；而高粘性隐性知识的共享则从知识共享主体、共享客体、共享媒介以及外界环境四个方面对知识共享的因素进行总结。与已有观点有所差异，本书认为知识共享过程中最关键的并不是知识的可表达性、可编码性，而是知识的可流动性，即知识粘滞性的问题。

参考文献

[1] Albino V. Garavckki A C. Schiuma G. Knowledge transfer and interfirm relationships in industrial districts: The role of the leader firm [J]. Technovation Jourmal, 1998, 19 (1): 53-63.

[2] Allen N J, Meyer J P. The measurement and antecedents of affective, continuance, and normative commitment to the organization [J]. Journal of Occupational and Organizational Psychology, 1990 (63): 1-8.

[3] Ancona D G, Caldwell D F. Bridging the boundary: External activity and performance in organizational teams [J]. Administrative Science Quarterly, 1992, 37 (4).

[4] Argote L, Ingram P. Knowledge transfer, a basis for competitive advandage in firms [J]. Organizational Behavior and Human Decision Processes, 2000, 82 (1): 150-169.

[5] Argote L, Ingram P, Levine J M, Moerland R L. Knowledge transfer in organizations: Learning from the experience of others [J]. Organizational Behavior and Human Decision Processes, 2000, 82 (1): 1-8.

[6] Arnold J, Davey K M. Graduates' work experiences as predictors of organizational commitment, intention to leave, and turnover: Which experiences really matter? [J]. Applied Psychology, 1999, 4 (2): 211-238.

[7] Baron R M, Kenny D A. The moderator-mediator variable distinction in social psychological research: Conceptual, strategic, and statistical considerations [J]. Journal of Personality and Social Psychology, 1986 (51): 1173-1182.

[8] Beard D W, Dess G G. Corporate - level strategy, business - level strategy, and firm performance [J]. Academy of Management Journal, 1981, 24 (4): 663-688.

[9] Bernardin H J, Kane J S, Ross S, et al. Performance appraisal design, development, and implementation [J]. Handbook of Human Resource Management,

1995 (462): 493.

[10] Oliver E Williamson. Beyond markets and hierarchies [M]. London: Routledge, 1993.

[11] Bhatnagar J. Mediator analysis in the management of innovation in Indian knowledge workers: The role of perceived supervisor support, psychological contract, reward and recognition and turnover intention [J]. The International Journal of Human Resource Management, 2014, 25 (10): 1395-1416.

[12] Bock, Gee-Woo & Robert W. Zmud, Young-Gul Kim, Jae-Nam Lee. Behavioral intention formation in knowledge sharing: Examining the roles of extrinsic motivators, social psychological forces, and organizational climate [J]. MIS Quarterly, 2005, 29 (1): 87-111.

[13] Boiesa K, Howell J M. Leader-member exchange in teams: An examination of the interaction between relationship differentiation and mean LMX in explaining team-level outcomes [J]. Leadersh, 2006, 17 (3): 246-257.

[14] Borman W C, Motowidlo S M. Expanding the criterion domain to include elements of contextual performance [M]. San Francisco: Jossey-Bass, 1993.

[15] Bostrom R P. Successful Application of communication techniques to improve the systems development process [J]. Information & Management, 1989 (16).

[16] Bresman H, Birkinshaw et. al. Knowledge transfer in international acquisitions [J]. Jounal of International Business Studies, 1999, 30 (3), 439-462.

[17] Brown E A, Thomas N J, Bosselman R H. Are they leaving or staying: A qualitative analysis of turnover issues for generation Y hospitality employees with a hospitality education [J]. International Journal of Hospitality Management, 2015 (4): 130-137.

[18] Burningham C, West M A. Individual, climate and group interaction processes as predictors of work team innovation [J]. Small Group Res, 1995, 26 (1): 106-117.

[19] Burt C, Chmiel N, Hayes P. Implications of turnover for safety attitudes and behavior in work teams [J]. Safety Science, 2009, 47 (7): 1002-1006.

[20] Cheng Y Q, Stockdale M S. The validity of the three-component model of organizational commitment in a Chinese context [J]. Journal of Vocational Behavior, 2003, 62 (3): 465-489.

[21] Christina S C, Al K C Au, Rick D H. Trust as a mediator of the relationship between leader/member behavior and leader-member-exchange quality [J]. Journal of World Business, 2012, 47 (3): 459-468.

[22] Cogliser C C, Schriesheim C A. Exploring work unit context and leader-member exchange: A multi-level perspective [J]. Organ Behav, 2000 (21): 487-511.

[23] Cohen S G, Bailey D E. What makes teams work: Group effectiveness research from the shop floor to the executive suite [J]. Journal of Management, 1997, 23 (3): 239-290.

[24] Cook J, Wall T. New work attitude measures of trust, organizational commitment and personal need non-fulfilment [J]. Journal of Occupational & Organizational Psychology, 2011, 53 (1): 39-52.

[25] Cummings J L, Teng B S. Transferring R&D knowledge: The key factors affecting knowledge transfer sueeess [J]. Journal of Engineering and Technology Management, 2003, 20 (2): 39-68.

[26] Dansereau F, Graen G B, Haga W J. A vertical dyad linkage approach to leadership within formal organizations: A longitudinal investigation of the role making process [J]. Organizational Behavior and Human Performance, 1975 (13): 46-78.

[27] Davenport T H, Laurence P. Working knowledge: How organizations manage what they know [M]. Boston (Mass): Harvard Business School Press, 1998.

[28] David J. Henderson, Robert C. Liden, Brian C. Glibkowski, Anjali Chaudhry. LMX differentiation: A multilevel review and examination of its antecedents and outcomes [J]. The Leadership Quarterly, 2009 (20): 517-534.

[29] De Dreu, C K W, West M A. Minority dissent and team innovation: The importance of participation in decision making [J]. J. Appl Psychol, 2001, 86 (6): 1191-1201.

[30] De Dreu C K W. Team innovation and team effectiveness: The importance of minority dissent and reflexivity [J]. Eur J Work Organ Psychol, 2002, 11 (3): 285-298.

[31] Dienesch RM, Liden RC. Leader-member exchange model of leadership: A critique and further development [J]. Acad Manage Rev, 1986 (11): 618-634.

[32] Dirks K T. Trust in leadership and team performance: Evidence from NCAA basketball [J]. Journal of Applied Psychology, 2000 (85): 1004-1012.

[33] Dixon N M. Common knowledge: How company thrive by sharing what they know [M]. Boston : Harvard Business School Press, 2000.

[34] Eisenbeiss S A, van Knippenberg D, Boerner S. Transformational leadership and team innovation: Integrating team climate principles [J]. J J Appl Psychol, 2008, 93 (6): 1438-1446.

[35] Emberland J S. Implications of job insecurity perceptions and job insecurity responses for psychological well-being, turnover intentions and reported risk behavior [J]. Safety Science, 2010, 48 (4): 452-459.

[36] Erdogan B and Bauer T N. Differentiated leader-member exchanges: The buffering role of justice climate [J]. Journal of Applied Psychology, 2010 (95): 1104-1120.

[37] Ferres N. The Development and validation of the workplace trust survey (WTS): Combining qualitative and quantitative methodologies [M]. Australia: University of Newcastle, 2001.

[38] Frishammar J, Hörte SA. Managing external information in manufacturing firms: The impact on innovation performance [J]. J Prod Innov Manage, 2005, 22 (3): 251-266.

[39] Galbraith C S. Transferring core manufacting technology in high technology firm [J]. California Management Review, 1990, 32 (4): 56-70.

[40] George B G, Mary UB. Relationship-based approach to leadership: Development of leader-member exchange (LMX) theory of leadership over 25 years: Applying a multi-level multi-domain perspective [J]. Leadersh Q, 1995, 6 (2): 219-247.

[41] Gerstner C R, Day D V. Meta-Analytic review of leader-member exchange theory: Correlates and construct issues [J] . J. Appl Psychol, 1997 (82): 827-844.

[42] Geyskens I, Steenkampa J B, Lisa K S, Nirmalya K. The effects of trust and interdependence on relationship commitment: A trans-Atlantic study [J]. International Journal of Research in Marketing, 1999, 13 (4): 303-317.

[43] Gilbert M, Cordey-Hayes M. Understand the Process of knowledge transfer achieve successful technological innovation [J] . Technovation, 1996

(16): 301-312.

[44] Goh. Effective transfer: An integrative framework and some practice implications [J]. Journal of Knowledge Management, 2002 (6): 23-29.

[45] Graen G, Novak M A, Sommerkamp P. The effects of leader-member exchanges and job design on productivity and satisfaction: Testing a dual attachment model [J]. Organizational Behavior and Human Performance, 1982 (30): 109-131.

[46] Graen G B, Uhl-Bien M. Relationship-based approach to leadership: Development of leader-member exchange (LMX) theory of leadership over 25 years: Applying a multi-level multidomain perspective [J]. The Leadership Quarterly, 1995 (6): 219-247.

[47] Grant R M. Toward a knowledge-based theory of the firm [J]. Strategic Management, Winter Special Issue, Journal, 1996, 17 (S2): 109-122.

[48] Griffin A, Hauser J R. Integrating R&D and marketing: A review and analysis of the literature [J]. J Prod Innov Manage, 1996, 13 (3): 191-215.

[49] Guillot-soulez C, Soulez S. On the heterogeneity of generation Y job preferences [J]. Employee Relations, 2015, 4 (36): 319-332.

[50] G Suzlanski. The process of knowledge transfer: A diachronic analysis of best practice within the firm [J]. Strategic Management Journal, 1996 (17): 27-43.

[51] Hackman J R, Morris C G. Group tasks, group interaction process, and group performance effectiveness: A review and proposed integration [J]. Advances in Experimental Social Psychology, 1983 (8): 45-99.

[52] Hagedoorn J, Cloodt M. Measuring innovative performance: Is there an advantage in using multiple indicators? [J]. Research Policy, 2003, 32 (8): 1365-1379.

[53] Hamel G. Competition for competence and inter-partner learning within international strategic alliances [J]. Strategic Management Journal, 1991, 12 (4): 83-103.

[54] Hargreaves D. Knowledge management in the learning society [M]. Paris: OECD/CERI, 2000.

[55] Hempel P S, Zhang Z, Tjosvold D. Conflict management between and within teams for trusting relationships and performance in China [J]. Journal of

Organizational Behavior, 2009 (30): 41-65.

[56] Henderson D J, Wayne S J, Shore L M, Bommer W H, Tetrick L E. Leader-member exchange, differentiation, and psychological contract fulfillment: A multilevel examination [J]. J Appl Psychol, 2008, 93 (6): 1208-1219.

[57] Henderson J C, Lee S. Managing I/S design teams: A control theories perspective [J]. Management Science, 1992, 38 (6): 757-777.

[58] Hofaidhllaou M, Chhinzer N. The relationship between satisfaction and turnover intentions for knowledge workers [J]. Engineering Management Journal, 2014, 26 (2): 3-9.

[59] Hooper D T, Martin R. Beyond personal leader–member exchange (LMX) quality: The effects of perceived LMX variability on employee reactions [J]. Leadership Quarterly, 2008 (19): 20-30.

[60] Huang T P. Comparing motivating work characteristics, job satisfaction, and turnover intention of knowledge workers and blue-collar workers, and testing a structural model of the variables' relationships in China and Japan [J]. The International Journal of Human Resource Management, 2011, 22 (4): 924-944.

[61] Hui L, Dong L, Raymond L. Looking at both sides of the social exchange coin: A social cognitive perspective on the joint effects of relationship quality and differentiation creativity [J]. Acad Manage, J., 2010, 53 (5): 1090-1109.

[62] James L R, Demaree R G, Wolf G. Estimating within-group interrater reliability with and without response bias [J]. Journal of Applied Psychology, 1984, 69 (1): 85-98.

[63] Janssen O, Van Yperen N W. Employees' goal orientations, the quality of leader-member exchange, and the outcomes of job performance and job satisfaction [J]. Academy of Management Journal, 2004, 47 (3): 368-384.

[64] Janz B D, Colquitt J A, Noe R A. Knowledge worker team effectiveness: The role of autonomy, interdependence, team development, and contextual support variables [J]. Personnel Psychology, 2010, 50 (4): 877-904.

[65] Jassawalla A R, Sashittal H C. An examination of collaboration in high-technology new product development processes [J]. J Prod Innov Manage, 1998, 15 (3): 237-254.

[66] Jeffrey L Cummings, Bing-Sheng Teng, Transferring R&D knowledge: The key factors affecting knowledge transfer success [J]. Journal of Engineering and

Technology Management, 2003 (20): 39-68.

[67] Jensen M C, Murphy K J. Performance pay and top-management incentives [J]. Journal of Political Economy, 1990, 98 (2): 225-264.

[68] Kenneth S. L, Hui W, Chun H. Currencies of exchange and global LMX: How they affect employee task performance and extra-role performance [J]. Asia Pac J Manag, 2010 (27): 625-646.

[69] Kultalanti S, Viitala R. Generation Y-challenging clients for HRM? [J]. Journal of Managerial Psychology, 2015, 30 (1): 101-114.

[70] Lechler T. Social Interaction: A Determinant of entrepreneurial team venture success [J]. Small Bus econ, 2001 (16): 263-278.

[71] Lewis J D, Weigert A. Trust as a social reality [J]. Social Forces, 1985, 63 (4): 967-985.

[72] Li Ma, Qing Qu. Differentiation in leader-member exchange: A hierarchical linear modeling approach [J]. The Leadership Quarterly, 2010 (21): 733-744.

[73] Lippman & Rumelt. Uncertain imitability: An analysis of interfirm differences in efficiency under competition [J]. Bell Journal of Economics, 1982, 13 (2): 418-438.

[74] Lovelace K. Multidisciplinary top management teamwork: Effects on local health department performance [J]. Journal of Public Health Management and Practice, 2001, 7 (1).

[75] MacBryde J, Mendibil K. Designing performance measurement systems for teams: Theory and practice [J]. Management Decision, 2003, 41 (8): 722-733.

[76] McAllister D J. Affectand cognition-based trust as foundations for interpersonal cooperation in organizations [J]. Academy of Management Journal, 1995, 38 (1): 24-59.

[77] McGrath J E. Social psychology: A brief introduction [M]. New York: Holt, Rinehart and Winston, 1964.

[78] McKay P F, Avery D R, Tonidandel S, Morris M A, Hernandez M, Hebl MR. Racial differences in employee retention: Are diversity climate perceptions the key? [J]. Personnel Psychology, 2007 (60): 35-62.

[79] Moorman C, Deshpande R, Zaltman G. Factors affecting trust in

market research relationships [J]. Journal of Marketing, 1993, 57 (1): 81-101.

[80] Nalder S A I, Larson S, et al. Index to volume 8: 1990 [J]. International Journal of Project Management, 1990, 8 (4): 256.

[81] Nancy Dixon. The neglected receiver of knowledge sharing [J]. Ivey Business Journal, 2002, 66 (4).

[82] Newell S. Managing knowledge work [M]. New York: Palgrave, 2002.

[83] Nishii L H, Mayer D M. Do inclusive leaders help to reduce turnover in diverse groups? The moderating role of leader-member exchange in the diversity to turnover relationship [J]. J Appl Psychol, 2009 (94): 1412-1426.

[84] Nonaka Ikujiro. The knowledge-creating company [J]. Harvard Business Review, 1991 (6): 77-85.

[85] Nonaka Ikujiro. The concept of "Ba": Bulding a foundation for konwledge creation [J]. California Management Review, 1998 (3): 58-64.

[86] Offermann L R, Kennedy J K, Wirtz P W. Implicit theories: Content, structure, and generalizability [J]. Leadership Quarterly, 1994, 13 (6): 43-58.

[87] Paglis L L, Green S G. Both sides now: Supervisor and subordinate perspectives on relationship quality [J]. J Appl Soc Psychol, 2002, 32 (2): 250-276.

[88] Paul Hendriks. Why Share Knowledge? The influence of ICT on the motivation for knowledge sharing [J]. Knowledge and Process Management, 1999, 6 (2).

[89] Pirola-Merlo A, Mann L. The relationship between individual creativity and team creativity: Aggregating across people and time [J]. Journal of Organizational Behavior, 2004, 25 (2): 235-257.

[90] Price J L, Mueller C W. A causal model of turnover for nurses [J]. Academy of Management Journal, 1981, 24 (3): 543-565.

[91] Scholl W, Heisig P. Delphi Study on the future of knowledge management-overview of the results [M]. Berlin: Knowledge Management, 2003.

[92] Sherony K M, Green S G. Coworker exchange: Relationships between coworkers, leader-member exchange, and work attitudes [J]. Journal of Applied Psychology, 2002 (87): 542-548.

[93] Sias P M, Jablin F M. Differential superior-subordinate relations, perceptions of fairness, and coworker communication [J]. Human Communication

Research, 1995 (22): 5-37.

[94] Spence L, Heather K, Finegan J, Shamian J, Wilk P. Impact of structural and psychological empowerment on job strain in nursing work settings: Expanding kanter's model [J]. Journal of Nursing Administration, 2001, 31 (5): 260-272.

[95] Suzlanski G. The process of knowledge kransfer: A diachronic analysis of stickiness [J]. Organizational Behavior and Human Decision Processes, 2000, 82 (1): 9-27.

[96] Suzlanski G. Exporing Internal stickiness: Impediments to the transfer of best practice within the firm [J]. Strategic Management Journal, 1996, 17 (2): 27-43.

[97] Tarja H, Justin P, Marko E. On-call work and physicians' turnover intention: The moderating effect of job strain [J]. Psychology, Health & Medicine, 2016, 21 (1): 74-80.

[98] Teece D. Technology transfer by corporation multinational: The resource cosl of transferring technological know-how [J]. Economic Journal, 1977, 87 (1): 242-261.

[99] Teece D. Strategies for managing knowledge assets: The role of firm structure and industrial context [J]. Long Rang Planning, 2000 (33): 35-54.

[100] Teng C I, Shyu Y I L, Chang H Y. Moderating effects of professional commitment on hospital nurses in Taiwan [J]. Journal of Professional Nursing, 2007, 23 (1): 47-54.

[101] Turban E. Expert Systems and Applied Artifieial Intelligenee [M]. Maemillan Pub Company, 1992.

[102] Van Breukelen W, Konst D, Van Der Vlist R. Effects of LMX and differential treatment on work unit commitment [J]. Psychological Reports, 2002, 91 (1): 220-230.

[103] Vander Spek R, Spijkervet. Knowledge management dealing intelligently with knowledge, in knowledge managementand its, integrative, elements [M]. Liebowitz, 1998.

[104] Vito Albino, Claudio Garavelli A, Giovanni Schiuma. Knowledge transfer and inter-firm relationships in industrial districts: The role of the leader firm [J]. Technovation, 1999 (19): 53-63.

[105] Von Hipple, Eric. "Sticky Information" and the locus of problem solving: Implications for innovation [J]. Management Science, 1994, 40 (4): 429-439.

[106] Wakabayashi M, Graen G, Graen M. Japanese management progress: Mobility into middle management [J]. The Journal of Applied Psychology, 1988 (73): 217-227.

[107] Waldman C. G., David A. A cross cultural comparison of the importance of leadership traits for effective low-level and high-level leaders: Australia and China international [J]. Journal of Cross Cultural Management, 2007 (7): 47-60.

[108] West M A, Anderson N R. Innovation in top management teams [J]. Journal of Applied Psychology, 1996, 81 (6): 680.

[109] Wong C A, Laschinger S, Heather K. The influence of frontline manager job strain on burnout, commitment and turnover intention: A cross-sectional study [J]. International Journal of Nursing Studies, 2015, 52 (12): 24-33.

[110] Woolf H, ed. Webster's new world dictionary of the amerien Language [M]. G & C Merriajn, 1990.

[111] Zaek M. Developinga knowledge strategy [J]. Califonia Management Review, 1999, 41 (3): 49-53.

[112] Zander U. Exploiting a technological edge: Voluntary and involuntary dissemination of technology [J]. International Business, 1991, 37 (2): 233-246.

[113] Zucker L G. Production of trust: Institutional sources of economic structure [J]. Research in Organizational Behavior, 1986 (8): 53-111.

[114] 白明垠. 变革型领导、团队学习与团队绩效：模型与机理 [D]. 武汉：中国地质大学博士学位论文，2013.

[115] 蔡莉，单标安. 中国情境下的创业研究：回顾与展望 [J]. 管理世界，2013 (12): 160-169.

[116] 陈劲. 研发项目管理 [M]. 北京：机械工业出版社，2004：5.

[117] 陈静，汪群，田梦斯. 新生代员工开放性人格特质对建言行为的影响作用研究 [J]. 领导科学，2015 (23): 42-44.

[118] 陈忠卫，田素芹，汪金龙. 工作家庭冲突双向性与离职倾向关系研究 [J]. 软科学，2014 (8): 65-69.

[119] 戴铁良. 绩效评估方法的分析与比较 [J]. 人事管理，2002

（2）：34-38.

[120] 邓建友，周晓东．企业文化对知识共享的影响分析［J］．科学学与科学技术管理，2005（9）：82-85.

[121] 冯江平，罗国忠．我国企业魅力型领导的特质结构研究［J］．心理科学，2009（1）：207-209+250.

[122] 弗朗西斯·赫瑞比．管理知识员工［M］．北京：机械工业出版社，2000.

[123] 付亚和，许玉林．绩效管理［M］．上海：复旦大学出版社，2003.

[124] 傅红，段万春．我国新生代员工的特点及动因——从新生代各种热门事件引发的思考［J］．社会科学家，2013（1）：88-91.

[125] 宫淑燕．新生代知识员工自我认同对组织行为的作用机理研究［D］．西安：西北工业大学博士学位论文，2015.

[126] 龚达铭，李伟．论绩效考核的核心指标体系的选择［J］．中国农业银行武汉培训学院学报，2003（3）：65-67.

[127] 关涛．跨国公司内部知识转移过程与影响因素的实证研究［D］．上海：复旦大学博士学位论文，2005.

[128] 韩翼，廖建桥．绩效分离性对任务绩效和关系绩效影响研究［J］．工业工程，2006（4）：49-53.

[129] 胡贝贝，王胜光，任静静．互联网时代创业活动的新特点——基于创客创业活动的探索性研究［J］．科学学研究，2015（10）：1520-1527.

[130] 胡翔，李燕萍，李泓锦．新生代员工：心态积极还是忿忿难平？——基于工作价值观的满意感产生机制研究［J］．经济管理，2014（7）：69-79.

[131] 加里·S.林恩，理查德·R.赖利，冯玲．新产品开发的5个关键［M］．北京：机械工业出版社，2003.

[132] 克里斯．哈里斯．构建创新团队［M］．北京：经济管理出版社，2005.

[133] 兰玉杰，张晨露．新生代员工工作满意度与离职倾向关系研究［J］．经济管理，2013（9）：81-88.

[134] 李翠．知识型团队内部知识转移与团队绩效的关系研究［D］．桂林：桂林电子科技大学硕士学位论文，2009.

[135] 李宏利，李晓佳．新生代员工创新行为的影响因素及其关系

[J]．河北大学学报（哲学社会科学版），2014（6）：85-90．

[136] 李绪红，徐文．知识型员工离职倾向的影响因素及其作用机制的实证研究——新员工组织进入过程的视角［J］．研究与发展管理，2009（1）：79-86．

[137] 廖冰，纪晓丽，胡杨．论知识型员工的激励［J］．现代管理科学，2003（9）：17-18．

[138] 刘畅．新生代知识型员工忠诚度影响因素研究［D］．长春：东北师范大学硕士学位论文，2014．

[139] 刘红霞，黄颖．90后白领"裸辞"为哪般——基于对18位"90后"白领"裸辞"动机的访谈分析［J］．中国青年研究，2014（9）：60-66．

[140] 刘惠琴，张德．高校学科团队创新绩效决定因素研究［J］．科学学与科学技术管理，2005（11）：112-115．

[141] 刘美玉，赵侠．职业董秘"闪辞"：逐利本性还是制度短板［J］．管理世界，2014（4）：183-185．

[142] 刘小玲．一种基于人际互动网络的隐性知识管理模式［J］．科学学与科学技术管理，2003（7）．

[143] 刘雪梅．隐性知识、关系绩效和任务绩效三者关系的实证研究［D］．成都：西华大学硕士学位论文，2014．

[144] 留岚兰．工作特征、工作倦怠以及离职倾向之间的关系研究［D］．杭州：浙江大学硕士学位论文，2005．

[145] 卢兵，岳亮，廖琳武．企业联盟中知识转移的影响因素分析——一个分析模型［J］．预测，2006（2）．

[146] 卢会志，刘永芳．内隐领导理论的认知结构与影响因素［D］．上海：华东师范大学博士学位论文，2008．

[147] 牟临杉．领导—成员交换理论及其拓展［J］．企业改革与管理，2011（5）：5-8．

[148] 尼基·海斯．成功的团队管理［M］．北京：清华大学出版社，2002．

[149] 倪渊，林健．知识型团队中领导—成员交换关系差异对成员工作态度的影响：成员间信任的中介作用［J］．管理工程学报，2013（4）：1-7．

[150] 潘杰义，李燕，詹美求．企业—大学知识联盟中知识转移影响因素分析［J］．科技管理研究，2006（7）．

[151] 彭坚，王霄．追随力认知图式：概念解析与整合模型［J］．心理

科学，2015（4）：822-827.

［152］戚振江，王端旭. 研发团队效能管理［J］. 科研管理，2003（3）：127-132.

［153］乔治·戴，保罗·克沃顿. 论新兴技术管理［M］. 北京：华夏出版社，2002.

［154］申书海. 企业效绩测评问答［M］. 北京：中国经济出版社，2005：23-45.

［155］施国定，刘风朝. 基于团队创新能力的人力资源管理研究［J］. 科技与经济，2005（3）：38-54.

［156］施琴芬，崔志明. 隐性知识转移的特征与模式分析［J］. 自然辩证法研究，2004（2）：62-68.

［157］石冠峰，韩宏稳. 新生代知识型员工激励因素分析及对策［J］. 企业经济，2014（11）：62-66.

［158］疏礼兵. 团队内部知识转移的过程机制与影响因素研究——以企业研发团队为例［D］. 杭州：浙江大学博士学位论文，2006.

［159］宋建元，陈劲. 企业隐性知识共享的效率分析［J］. 科学学与科学技术管理，2005（2）：53-58.

［160］宋卫芳，赵国祥. 领导—成员交换理论研究新进展［J］. 学理论，2009（32）：13-15.

［161］谭乐，宋合义，富萍萍. 西方领导者特质与领导效能研究综述与展望［J］. 外国经济与管理，2010（2）：38-44+57.

［162］王庆海. 如何做业绩考核［M］. 大连：大连理工大学出版社，2000.

［163］王雪莉，马琳，张勉. 基于独生子女的调节作用的个人—工作匹配、工作满意度与员工离职倾向研究［J］. 管理学报，2014（5）：691-695.

［164］王艳. 非财务指标在企业业绩测评体系中的运用［J］. 财务与会计导刊，2003（5）：34-51.

［165］王燕夷，彭灿. 非正式网络对研发团队绩效的影响——以交互记忆系统为中介变量的实证研究［J］. 科学学研究，2012，30（4）：581-590.

［166］王怡然，陈士俊，张海燕等. 高校科研团队建设的内涵、特征及类型［J］. 西南交通大学学报（社会科学版），2007，8（3）：20-23.

［167］王毅，吴贵生. 产学研合作中粘滞知识的成因和转移机制研究［J］. 科研管理，2001（11）：114-121.

[168] 王震, 仲理峰. 领导—成员交换关系差异化研究评述与展望[J]. 心理科学进展, 2011, 19 (7): 1037-1046.

[169] 王重鸣, 刘学方. 高管团队内聚力对家族企业继承绩效影响实证研究[J]. 管理世界, 2007 (10): 84-98.

[170] 谢娟. 领导行为与团队绩效的关系实证研究[D]. 重庆: 重庆大学硕士学位论文, 2008.

[171] 谢宜倩. 以知识管理流程观点建构知识管理成熟度模型之研究[D]. 台北: 国立台湾大学资讯管理研究所, 2003.

[172] 谢玉华, 陈佳. 新生代员工参与需求对领导风格偏好的影响[J]. 管理学报, 2014 (9): 1326-1332.

[173] 徐芳. 研发团队胜任力模型的构建及其对团队绩效的影响[J]. 管理探索, 2003 (2): 44-46.

[174] 徐芳. 团队绩效的有效测评[J]. 中国人力资源开发, 2002 (5): 49-50.

[175] 徐金发, 许强, 顾惊雷. 企业知识转移的情境分析模型[J]. 科研管理, 2003 (3): 54-60.

[176] 徐宇峰, 汪群, 李卉, 陈麟. 个人—组织匹配、工作倦怠与离职倾向的关系研究模型构建[J]. 领导科学, 2015 (20): 48-50.

[177] 许爱君. 基于需求特征的"新新知识员工"管理研究[D]. 北京: 首都经济贸易大学硕士学位论文, 2014.

[178] 杨涛, 马君, 张昊民. 新生代员工的工作动力机制及组织激励错位对创造力的抑制[J]. 经济管理, 2015 (5): 74-84.

[179] 杨晓璐. 新生代知识型员工离职倾向影响因素的实证研究[D]. 太原: 太原理工大学硕士学位论文, 2012.

[180] 杨雪, 张徽燕. 新兴技术给企业带来的管理挑战[J]. 现代管理科学, 2005 (6).

[181] 杨溢. 企业内部知识共享与知识创新的实现[J]. 情报科学, 2003, 21 (1): 1107-1109.

[182] 要武, 蔡德章. 成员合作对知识共享的影响机制分析[J]. 预测, 2008, 27 (2): 32-37.

[183] 叶泽川, 欧阳敏. 城市新移民知识员工离职倾向影响因素研究[J]. 商业研究, 2015 (8): 120-129.

[184] 应力, 钱省二. 企业内部知识市场的知识交易方式与机制研究

[J].上海理工大学学报,2001(2):39-44.

[185] 俞明理.团队创业精神与绩效关系研究[D].杭州:浙江大学硕士学位论文,2003.

[186] 张长征,李怀祖.研发团队异质性与报酬模式对研发效率的影响分析[J].科学学与科学技术管理,2006(3):36-39.

[187] 张玲玲,罗红明.知识密集型企业中粘滞知识转移的一个模型[J].经济管理,2006(11):47-50.

[188] 张生太.组织内部隐性知识传播模型研究[J].科研管理,2004(4):28-31.

[189] 张涛,文新三.企业绩效测评研究[M].北京:经济科学出版社,2002.

[190] 张体勤,丁荣贵.关于知识团队特性的研究[J].人类工效学,2002,8(3):41-44.

[191] 张文勤,石金涛.团队反思的影响效果与影响因素分析[J].外国经济与管理,2008(4):59-65.

[192] 张原康,韩经纶.企业对研发团队的管理与控制[J].商业现代化,2004(10):87-88.

[193] 张志学,Paul S.Hempel,韩玉兰,邱静.高技术工作团队的交互记忆系统及其效果[J].心理学报,2006(2):271-280.

[194] 赵伟.基于激励理论的团队机制设计[J].管理科学,2000(3):59-62.

[195] 赵文莉.我国民营企业新生代知识型员工流动影响因素研究[D].宁波:宁波大学硕士学位论文,2012.

[196] 郑强国,丁文涵.团队异质性对研发团队绩效的影响机理研究[J].工业技术经济,2013(4):16-24.

[197] 郑小勇,楼鞅.科研团队创新绩效的影响因素及其作用机理研究[J].科学学研究,2009,27(9):1428-1438.

[198] 钟建安,谢萍,陈子光.领导—成员交换理论的研究及发展趋势[J].应用心理学,2003,9(2):46-50.

[199] 朱敏晓."90后"大学生期望的未来直接领导素质结构及特征研究[D].重庆:重庆大学硕士学位论文,2014.

[200] 祝芳芳,宋合义,毛娜.不同类型下属情景下有效领导者综合素质的差异研究[J].科学学与科学技术管理,2008(2):176-180.